衣冠归晋
——魏晋易代时期的蜀吴士人心态与文学

钟思远 著

图书在版编目（CIP）数据

衣冠归晋：魏晋易代时期的蜀吴士人心态与文学 / 钟思远著. — 成都：四川大学出版社，2022.12
ISBN 978-7-5690-5858-1

Ⅰ. ①衣… Ⅱ. ①钟… Ⅲ. ①知识分子－心理状态－研究－中国－魏晋南北朝时代②中国文学－古典文学研究－魏晋南北朝时代 Ⅳ. ①D691.71②I206.35

中国版本图书馆CIP数据核字（2022）第240774号

书　　名：	衣冠归晋：魏晋易代时期的蜀吴士人心态与文学
	Yiguan Gui Jin: Wei-Jin Yidai Shiqi de Shu-Wu Shiren Xintai yu Wenxue
著　　者：	钟思远

选题策划：高庆梅
责任编辑：高庆梅
责任校对：余　芳　荆　菁
装帧设计：墨创文化
责任印制：王　炜

出版发行：四川大学出版社有限责任公司
　　　　　地址：成都市一环路南一段24号（610065）
　　　　　电话：（028）85408311（发行部）、85400276（总编室）
　　　　　电子邮箱：scupress@vip.163.com
　　　　　网址：https://press.scu.edu.cn
印前制作：四川胜翔数码印务设计有限公司
印刷装订：四川盛图彩色印刷有限公司

成品尺寸：130 mm×185 mm
印　　张：10.125
字　　数：160千字

版　　次：2023年1月　第1版
印　　次：2023年1月　第1次印刷
印　　数：1—2000册
定　　价：58.00元

本社图书如有印装质量问题，请联系发行部调换

版权所有　◆　侵权必究

扫码查看数字版

四川大学出版社
微信公众号

本书由商洛学院博士科研基金资助出版，属商洛学院科研项目"魏晋易代时期的蜀吴文学与文化研究"（15SKY027）成果之一。

忆所及
(自序)

此书著成之际,往昔种种纷至沓来,或此或彼,芜杂散乱。其中,些许片段反复闪烁,形象渐渐清晰。到底无非是心有所动,遂致忆有所及。兹捡拾二三,凑作小文,算是对旧时光的一种纪念吧。

一

2010年3月,北京下了不小的春雪,我到北京赶考。从月初到中旬,有三场,分别是文化部非物质文化遗产司的公务员复试,清华大学和北京师范大学的博士研究生考试。父亲坚持与我同行,这是他第三次专程陪考了,这份沉重的关爱使我很不安。

文化部复试的前一天晚上，我们在旅馆的房间中没说上几句话。我看不进书，父亲也觉得憋闷，不停地剥着花生吃。

复试结束后，父亲和我并肩走在朝阳门北大街上，寒风猛刮起来，刀一样割人的脸。他突然快步走到我身前，把右胳膊抬起来，侧过头对我说："快点儿走。"我加快步子，紧跟着他。我的羽绒服有帽子，父亲的没有。看着细碎的雪花消失在他凌乱的华发中，我的眼睛止不住地发热。

陪我考完清华大学的考试后，父亲就回成都了。当时，我已知自己在文化部的考试中落榜，又因在清华的考试中发挥不佳，所以父亲离开后，我一跺脚便放弃了北京师范大学的考试，昏头昏脑地游荡去了。

那些天，我看了几处景，会了几个在京的朋友。行色平静，心里却总是想起父亲。父亲曾告诉我，他年轻时一度很想到北京求学，但我那时才两三岁，工作和家庭的担子使他力不从心，想想也就罢了。父亲在我身上寄予了期望，而我没能让他如愿。

父亲过去常说："父母对子女，从抱着走、牵着走、跟着走,到指出一条路,看着他们走,最后总是要停下脚、放下手的。一辈人还得去找一辈人自己的路走。"从小到大,他认真地送了我一程又一程,对我影响至深。于他而言,那次失望而归仿佛一场无奈的告别。但对我来说,他的迟迟不肯止步已变成我的无奈。或许于彼此无奈之际,失望合是一份坦诚的告别辞。当目光不能企及,牵挂变为祝福,所有心事都将在泰然转身后付之一笑了。

二

我从没听母亲说过她的理想。她曾经有两句口头禅。一句是,"人活一口气"。另一句是,"把日子过起走"。母亲给我讲过父亲年轻时学习奋斗的经历,更对我许多好高骛远的想法给予了足够的宽容和支持。我很爱母亲。每当我做出了一点儿可喜的成绩,总希望母亲能多一分高兴,想象着她的理想会不会就是一句普普通通的家常话:"我儿子还真不错!"

母亲用数十年如一日的操劳,把家里的生活安排得井井有条。在我成为父亲后，更深地懂得了母爱的力量。父子之间或许会有精神上的强大共鸣，却无法与母子之间血肉相连的亲密相比。从嗷嗷待哺到长大成人，母亲最爱念叨的总是衣食冷暖；从蹒跚学步到独自远行，母亲最关注的总是平安健康。如果说平凡的母亲养育出伟大的子女是一种命运的偶然，那么母爱的伟大则是一种亘古的荣耀，包含着让人好好活下去的勇气、尊严、希望、自豪、同情、怜悯和牺牲。

2016年冬天，母亲得了一场病，病得厉害，而我不在她身边。电话中，父亲用沉重的语气和我说话。放下电话，我内心极其难过，一个人号啕大哭，宁愿病的是自己。

十八岁，我从攀枝花去成都上大学；三十二岁，我从成都到商洛教书。两次都是母亲和我一路，她的陪伴不为送别。母亲始终稳居在我情感的住所。纵使离家千里、常年在外，但母亲在我心中岁月不改、润物无声。

我三十八岁时，母亲有了孙儿。我也有了不少与父亲当年类似的感受。妻子、岳母和母亲在养育小家伙的过程中,付出了很多的心血。本书的写作得以顺利进行,真实地包含着三位母亲的辛劳,必须向她们致以由衷的感谢。当然,同时也要感谢一直悉心呵护小家伙成长的父亲和岳父。

本书完稿时,儿子钟语晨已满两周岁了。我不想把自己的期望放在这个活蹦乱跳、无忧无虑的小家伙身上。我想像我的母亲一样,让他知道:一个人能善良、健康、乐观,能安安稳稳地过日子就很好。

三

我想起了我的外婆和大伯。小时候,外婆无比疼爱我。奶奶在我父亲小时候就去世了,我一直把外婆叫作奶奶。在我初二时,外婆去世了。外婆的文化程度不高,特别喜欢听到我学业优秀的消息。她去世后,每当我在学历上更进一步,就会想"奶奶"要是还在,她该有多高兴啊!外婆的面容很和蔼,她的心比面容还要慈。我一想到她老人家笑起来的样子,就会想起我欢乐的童年。本书完稿时,我看见她笑了。

大伯是在我上大学时去世的。他是中学语文教师，一辈子勤勤恳恳、古道热肠。小时候，大伯对我特别亲，原因之一或许是喜悦于我对文学的兴趣同他一样。大伯爱读书，特别是文学书。他生前看着我渐渐走上文学专业的道路，却没看到我也和他一样成为一名教师，并且以教授文学为业。要是大伯能亲眼看到我出版的第一本书是关于文学的书，那该有多好啊！但我想，他在天有灵，一定会看见的。

我还想起了我的外公和舅舅。外公活过了九十岁，舅舅不满六十岁就去世了。他们在世时，对我的学习和工作都很关心。我如今能够写出一本自己的著作来，对他们也是可堪告慰的。

四

我的众多亲戚和长辈都是我成长的见证者，由衷感谢他们的支持和帮助！本书中的内容他们或许不感兴趣，但我相信这篇序言他们会读。

感谢发小术珂、林伶、颜熹、王攀。你们是我美好记忆的重要篇章，我们也将一同走向美好的未来。

感谢公拓、许峰、李羿和韩巍、少宇、曾蓉等许多我在本科时期的同窗好友，相识二十一年了，友谊历久弥新，人生精彩继续。

感谢术根、筑松、生强、志兵、志宇等硕士研究生时期的同窗好友。

感谢博士研究生时期的同门和同窗，学术著作是我们互赠的最好礼物。

感谢大草老师、小林老师、大明老师和我求学道路上春风化雨的所有老师！

五

2015年5月初，我来到位于秦岭南麓的陕西省商洛市，在商洛学院任教，至今已逾七年。在商州，我开启了事业，也组建了自己的家庭。在商洛学院，我与众多同事在工作中相识相知，成为惺惺相惜、兴趣相投的朋友。我在商州所取得的事业上的收获，离不开他们的支持和帮助。同时，这些收获无一不是扎根于商洛学院的教育教学和科研平台。虽然本书并不是有重要影响力的学术成果,但我也希望它能够为商洛学院的学术添一份力,发一点光。

写一本学术书不容易,编辑和出版一本学术书同样不容易。本书的策划编辑高庆梅女士在文献核校、字句斟酌乃至装帧排版等方面都极其认真负责,不辞辛劳,细致把关。不仅如此,她和四川大学出版社的编辑同事们还给了我不少的肯定和鼓励。在此,特别致以真诚的感谢。

是为序。

目 录

总论篇

蜀汉归晋后的士情与文情 3

西晋治吴政策与吴士心态 30

归晋吴士的文学创作状况 58

专论篇

"谯周劝降"再评价 95

李密《陈情表》别议 116

陈寿《三国志》笔法 145
顾荣与张翰的仕途分殊 175

杂论篇

二陆入洛动机及时间考 211
二陆怀乡诗文事迹述略 230
蜀吴末世主的易代遭遇 248

拟问答（后记） 277
参考资料 299

总论篇

蜀汉归晋后的士情与文情

魏景元四年（公元263年）末，面对朝堂上的多方争议，蜀后主刘禅最终选择接受光禄大夫谯周的建议，举国降魏。之后，虽有姜维策反钟会的历史插曲，但在弱肉强食的形势面前，曹魏司马氏集团仍成了最后的胜利者。钟会之叛被司马昭迅速平息，以荆州士人为首的不少蜀汉旧臣及相关人等便在兵荒马乱中归附了新君。[1]

---

[1]《三国志·蜀书·后主传》载曰："会既死，蜀中军众钞略，死丧狼藉，数日乃安集。"（[西晋]陈寿：《三国志》，中华书局1959年版，第900页。）

《华阳国志·大同志》载：

> 后主既东迁，内移蜀大臣宗预、廖化及诸葛显等并三万家于东及关中，复二十年田租。[1]

《三国志·魏书·陈留王纪》亦载魏咸熙元年（公元264年）事曰：

> 是岁，罢屯田官以均政役，诸典农皆为太守，都尉皆为令长；劝募蜀人能内移者，给廪二年，复除二十岁。[2]

一

将蜀汉统治阶层中的外籍士人群体迁出，既能防范蜀汉残余政治势力复兴，又符合巴蜀本土士族的政

---

[1]［东晋］常璩撰：《华阳国志校补图注》，任乃强校补图注，上海古籍出版社1987年版，第435页。
[2]［西晋］陈寿：《三国志》，中华书局1959年版，第153页。

治利益。同时，怀柔蜀汉降人利于软化东吴士人的敌对心理，为后续征吴做准备。这是司马昭必要的政治举措，也是其治蜀之策的开端。但蜀汉士人入晋后，其整体心态难免失落和痛苦，可谓：家徙异域，无奈寄人堂下；亡国君臣，唯有仰人鼻息。《三国志·蜀书·后主传》注引《汉晋春秋》曰：

> 他日，王问禅曰："颇思蜀否？"禅曰："此间乐，不思蜀。"郤正闻之，求见禅曰："若王后问，宜泣而答曰：'先人坟墓远在陇、蜀，乃心西悲，无日不思。'因闭其目。"会王复问，对如前，王曰："何乃似郤正语邪！"禅惊视曰："诚如尊命。"左右皆笑。[1]

这便是成语"乐不思蜀"的由来。从中不难想见，旧主连番遭戏、贻作笑柄，让身为旧臣者情何以堪。

---

[1] [西晋]陈寿：《三国志》，中华书局1959年版，第902页。

因辱生怒，怒极生反。《华阳国志·大同志》载魏咸熙年间事曰："四年，故中军士王富有罪逃匿，密结亡命刑徒，得数百人，自称诸葛都护，起临邛，转侵江原。"[1] 又载："七年，汶山守兵吕臣等杀其都将以叛。"[2] 类似的动荡显然与蜀士归降后遭到不公的待遇有关。

西晋开国后，为稳定巴蜀局势，晋武帝司马炎也做出了一些旨在保障治蜀政策延续性的努力。《华阳国志·后贤志》载蜀士文立谏曰：

> 故蜀大官及尽忠死事者子孙，虽仕郡国；或有不才，同之齐民，为剧。[3]

谏文又说：

---

[1]〔东晋〕常璩撰：《华阳国志校补图注》，任乃强校补图注，上海古籍出版社1987年版，第435页。
[2]〔东晋〕常璩撰：《华阳国志校补图注》，任乃强校补图注，上海古籍出版社1987年版，第435页。
[3]〔东晋〕常璩撰：《华阳国志校补图注》，任乃强校补图注，上海古籍出版社1987年版，第624页。

> 诸葛亮、蒋琬、费祎等子孙,流徙中畿,宜见叙用,一则以慰巴蜀民之心,其次倾东吴士人之望。[1]

《华阳国志·大同志》也载晋泰始五年(公元269年)事曰:

> 散骑常侍文立表复假故蜀大臣、名勋后五百家不预厮剧,皆以故官号为降。[2]

上述意见均被晋武帝采纳并施行。

除文立外,一些蜀汉旧士和开明晋臣也伺机请求晋武帝以选才任命、量情优抚等方式改善入晋蜀士的待遇。《三国志·蜀书·霍峻传》附《霍弋传》注引《襄阳记》载归晋蜀将罗宪于泰始年间事曰:

---

[1] [东晋]常璩撰:《华阳国志校补图注》,任乃强校补图注,上海古籍出版社1987年版,第624页。
[2] [东晋]常璩撰:《华阳国志校补图注》,任乃强校补图注,上海古籍出版社1987年版,第435页。

四年三月，从帝宴于华林园，诏问蜀大臣子弟，后问先辈宜时叙用者，宪荐蜀郡常忌、杜轸、寿良、巴西陈寿、南郡高轨、南阳吕雅、许国、江夏费恭、琅邪诸葛京、汝南陈裕，即皆叙用，咸显于世。[1]

《三国志·蜀书·诸葛亮传》附《诸葛瞻传》注引山涛《启事》亦载：

> 郿令诸葛京，祖父亮，遇汉乱分隔，父子在蜀，虽不达天命，要为尽心所事。京治郿自复有称，臣以为宜以补东宫舍人，以明事人之理，副梁、益之论。[2]

诸如此类的谏言，晋武帝大多较为重视。只可惜西晋朝廷毕竟是皇权与门阀的联盟，中原高门大族出

---

[1] [西晋]陈寿：《三国志》，中华书局1959年版，第1009页。

[2] [西晋]陈寿：《三国志》，中华书局1959年版，第933页。

于对自身政治利益的维护，难容外来势力的集结与壮大。于是，不少安蜀措施最终都因种种阻力而收效甚微。[1]例如，《晋书·何攀传》载曰：

> 攀善于将命，帝善之，诏攀参濬军事。及孙皓降于濬，而王浑恚于后机，欲攻濬，攀劝濬送皓与浑，由是事解。以攀为濬辅国司马，封关内侯。
>
> 转荥阳令，上便宜十事，甚得名称。除廷尉平，时廷尉卿诸葛冲以攀蜀士，轻之。及共断疑狱，冲始叹服。[2]

何攀出身蜀郡郫县大姓，仕晋后随王濬治蜀有功，又助其平吴，颇有实绩。他任廷尉平一职时，已经是西晋司空裴秀的女婿，门第与名望兼具。但西晋

---

[1] 参见刘东升：《西晋政权对蜀吴两国降人的相关政策》，《南都学坛》2009年第4期。
[2] [唐]房玄龄等：《晋书》，中华书局1974年版，第1290页。

权臣诸葛冲与何攀初识之际,仅以"蜀士"为由而轻视之。可见,彼时在朝为官的蜀士仍然很受排挤。如此情形下,蜀汉旧士降晋后大多不愿赴中央听命,而宁肯出仕地方——巴蜀本土士人尤愿留守乡域。这也与西晋的治蜀政策形成了一种利益博弈。

蜀降而吴未灭时,无论迁蜀汉旧官入洛,还是辟蜀中名士任职,均与西晋的政治意图相关联,表面礼遇有加,内则施令用强。对此,部分洞悉其意的巴蜀本土名士自降魏之初便消极对抗。《三国志·蜀书·谯周传》载曰:

> 时晋文王为魏相国,以周有全国之功,封阳城亭侯。又下书辟周,周发至汉中,困疾不进。[1]

又载:

---

[1] [西晋]陈寿:《三国志》,中华书局1959年版,第1032页。

> 晋室践阼，累下诏所在发遣周，周遂舆疾诣洛，泰始三年至。以疾不起，就拜骑都尉，周乃自陈无功而封，求还爵土，皆不听许。[1]

相比而言，出仕意愿较为强烈的只有少数在辖地富有实力的蜀汉旧臣（如南中霍弋、巴东罗宪等）及其后代，但他们大都被西晋朝廷有意留镇驻地，以利抵御孙吴。

以平吴为界，西晋朝廷对蜀汉旧士的态度与政策开始发生转变。平吴前，蜀汉外籍士人被征辟入洛者较多，待遇较高，在朝官职较显；平吴后，巴蜀本土士人被征辟入洛者较少，待遇较低，在朝官职较微。张炜统计出仕西晋的蜀士情况如下：

> 共一百三十三人，其中有七人任地方刺史、校尉，六十六人任地方郡守，十六人任地方县

---

[1] [西晋] 陈寿：《三国志》，中华书局1959年版，第1032页。

令，五人（文立、寿良、吕淑、司马胜之、陈寿）任散骑常侍，二十八人任功曹、主簿、别驾等地方僚佐。除了早期的文立、何攀、李毅、寿良等任中央官外，大部分在巴蜀本地任官。[1]

可见，西晋朝廷对蜀汉士人的重视程度随着平吴后巴蜀战略地位的下降而减弱，蜀士不愿趋朝赴任之势加剧。检《华阳国志·后贤志》中所载二十位入晋蜀士的事迹，其中司马胜之、何随、李密、任熙、费立、常宽六人均有不应辟之举，司马胜之、何随、李密三人更是屡征不应。

溯其根本，晋廷对蜀汉降士的态度及政策乃是建立在维护其大族门阀利益的基础上，因形势而周旋。怀柔之举虽有见于诏令，但多为应事应急之举，求现实治理之效，并未纳入西晋治国方略的主流。[2] 平

---

[1] 张炜：《论巴蜀大族在西晋的真实地位》，《江淮论坛》2009年第1期，第165页。
[2] 参见王永平：《入晋之蜀汉人士命运的浮沉》，《史学月刊》2003年第2期。

吴之前，蜀士与晋廷双方尚能在博弈之中相互迁就；待平吴事成，彼此整体往来便逐渐淡漠。所以，常璩在《华阳国志·大同志》中虽载有晋武帝"弘纳梁益，引援方彦"[1]之行，而在其引录的文立死后蜀中名士李密推荐同乡寿良的上表中，竟已出现对益、梁二州"人士零颓，才彦凌迟"[2]的哀叹了。

二

旧国无存、士情渐衰，故有的巴蜀文学面貌也随之被破坏。蜀汉二世而亡，国祚在魏蜀吴中最短。其文学成就远不及曹魏，亦有逊于孙吴。但整体而言，尚能够自具一格。考《三国志》《华阳国志》等史籍存目，蜀汉诗赋类作品数量不少，只是声名广播者不多，流传至今者更是寥寥。相比之下，蜀汉散文较有

---

[1] [东晋]常璩撰：《华阳国志校补图注》，任乃强校补图注，上海古籍出版社1987年版，第435页。

[2] [东晋]常璩撰：《华阳国志校补图注》，任乃强校补图注，上海古籍出版社1987年版，第648页。

成绩。仅由《三国志》并裴注的载录情况即可知：诸葛亮、杨戏、郤正、秦宓、谯周、许靖等均有名文高论传世，其他如法正、王商、孟达、彭羕、刘琰、吕凯、张嶷、费祎等的书信或疏奏，也不乏出彩笔墨。[1]

但上述诸公在蜀汉归晋时已所剩无几，除谯周、郤正尚在暮年外，其余皆已作古，而新秀后彦又未聚集成势，巴蜀文脉的承继陷入停滞。于兹检视归晋蜀士之文情概貌，暂且只能列举其中有传世之作或以文见称者，以供略览。

（一）陈寿[2]

陈寿撰《三国志》，其史识文才称誉晋初，流芳后世。《华阳国志·后贤志》载：

> 吴平后，寿乃鸠合三国史，著魏、吴、蜀三

---

[1] 参见李景焉：《蜀汉文学与建安文学》，《四川文物》2003年第4期。
[2]《华阳国志》《晋书》有传。

书六十五篇,号《三国志》;又著《古国志》五十篇,品藻典雅。中书监荀勖、令张华深爱之,以班固、史迁不足方也。[1]

《晋书·陈寿传》云:

撰魏吴蜀《三国志》,凡六十五篇。时人称其善叙事,有良史之才。夏侯湛时著《魏书》,见寿所作,便坏己书而罢。张华深善之,谓寿曰:"当以《晋书》相付耳。"其为时所重如此。[2]

刘勰在《文心雕龙·史传》篇中评之曰:

及魏代三雄,记传互出。阳秋魏略之属,

---

[1] [东晋]常璩撰:《华阳国志校补图注》,任乃强校补图注,上海古籍出版社1987年版,第634页。
[2] [唐]房玄龄等:《晋书》,中华书局1974年版,第2137页。

江表吴录之类，或激抗难征，或疏阔寡要，唯陈寿三志，文质辨洽，荀张比之于迁固，非妄誉也。[1]

此可谓对《三国志》之文史价值在两晋时代卓越地位的一个总结。

名满天下，谤亦随之。有关《三国志》传写人物事迹徇私脱实、颇有误漏的非议也并行于《三国志》成书前后。《晋书·陈寿传》载：

> 或云丁仪、丁廙有盛名于魏，寿谓其子曰："可觅千斛米见与，当为尊公作佳传。"丁不与之，竟不为立传。寿父为马谡参军，谡为诸葛亮所诛，寿父亦坐被髡，诸葛瞻又轻寿。寿为亮立传，谓亮将略非长，无应敌之才，言瞻惟工书，

---

[1] [南朝·梁]刘勰著：《文心雕龙》，范文澜注，人民文学出版社1962年版，第285页。

名过其实。议者以此少之。[1]

该言论结合陈寿原有身份和归晋后之仕途心态而发，有一定的依据，但举证很不合理。其所谓陈寿贬刺诸葛亮之事，清代学者赵翼在《廿二史札记》卷六中作《陈寿论诸葛亮》一文辩曰：

> 《陈寿传》，寿父为马谡参军，谡为诸葛亮所诛，寿父被髡，故寿为《亮传》，谓将略非所长。此真无识之论也。亮之不可及处，原不必以用兵见长。观寿校订《诸葛集》，表言亮科教严明，赏罚必信，无恶不惩，无善不显，至于吏不容奸，人怀自励。至今梁、益之民，虽《甘棠》之咏召公，郑人之歌子产，无以过也。又《亮传》后评曰："亮之为治也，开诚心，布公道。善无微而不赏，恶无纤而不贬。终于邦域之内，咸畏

---

[1] [唐]房玄龄等：《晋书》，中华书局1974年版，第2137—2138页。

而爱之，刑政虽峻而无恶怨者，以其用心平而劝戒明也。"其颂孔明可谓独见其大矣。[1]

之后，赵翼又列《三国志》之《杨洪传》《廖立传》《李平传》（即《李严传》）中的记载为佐证，对上述《晋书》之论判曰："谓其以父被髡之故以此寓贬，真不识轻重者。"[2] 而就《晋书》所载之陈寿述评诸葛瞻事和不立丁仪、丁廙传事，任乃强先生也在《华阳国志·后贤志》注中案曰：

> 诸葛瞻之衹襫，其子尚已显言之，何必有人挟怨而云。即如欲以阎宇代维，亦出于休兵固本之图，符合当时蜀人之望。然而亦不能竟其志，徒存其表。则岂可颂其能匡矫哉？丁仪、丁廙，浮薄妄躁之徒，以罪诛于宣王之世，《魏史》当

---

[1] [清] 赵翼著：《廿二史札记校证》（上），王树民校证，中华书局2013年版，第134—135页。
[2] [清] 赵翼著：《廿二史札记校证》（上），王树民校证，中华书局2013年版，第135页。

无其行状，不为立传，史制所许。乃竟亦诬寿以此招摇要贿。《晋书》谬采风影之说，以为实然，何其谬矣。夫曹爽、夏侯玄，败前颇有贤称，寿尚不能为之佳传。二丁之辈，纵使立传，安得能佳。陈寿虽贪，其肯以千斛米易罪诛耶？造诬之拙如此，而《晋书》亦无所察，岂不谬哉！[1]

较之《晋书》所载，赵、任二人据事析理，推断谨严，更能取信于众。

由此可知，考察陈寿著史得失，虽应顾及其归晋后的身份转变和仕途心态的影响，更须综观《三国志》中对于历史人物、历史事件的全面记录，方可明其叙述之显隐，判其议论之优劣。实则：史家著史，虽多怀公心，然道及人伦，诚难彻免私情；笔下春秋，虽志在褒贬，而身囿时世，亦难尽断善恶。唐人刘知几作《史通》，专于《内篇》辟《直笔》《曲笔》

---

[1] [东晋]常璩撰：《华阳国志校补图注》，任乃强校补图注，上海古籍出版社1987年版，第635页。

二章以详此理,至今不移。赵翼在《廿二史札记》中,以《〈后汉书〉〈三国志〉书法不同处》《〈三国志〉书法》《〈三国志〉多回护》等条,对陈寿《三国志》中表现出的笔法争议问题给予了颇多的关注和论述,也给予后世研究者不少启迪。

(二) 李密[1]

李密的《陈情表》与诸葛亮的《出师表》齐名。该文乃李密以孝侍祖母为由,为抗拒晋武帝征召而作。历代评说多认为《出师表》主旨在忠、《陈情表》主旨在孝,可谓至情至性之文章双璧。然细审《陈情表》全文可知,李密以淋漓语书尽孝事,亦以卑躬辞示效忠心,格外凸显了拜伏新朝之状。此表呈阅后,获得司马炎的高度肯定。《三国志·蜀书·杨戏传》后裴注附《李密传》载:

> 武帝览表曰:"密不空有名也。"嘉其诚款,

---

[1]《华阳国志》《晋书》有传。

赐奴婢二人,下郡供养其祖母奉膳。[1]

据《华阳国志·后贤志·陈寿传》及《晋书·陈寿传》《晋书·李密传》所载,陈寿、李密均曾师从谯周。谯周所持之天下分合有数的历史观不但促使其劝刘禅降魏,也对寿、密二人顺势归晋之举有一定的影响。据史载,李密在其祖母去世后便重蹈仕途、易朝为臣了。

陈寿、李密归晋后,皆仕途坎坷,黯然收场。《华阳国志·后贤志·陈寿传》曰:

惠帝谓司空张华曰:"寿才宜真,不足久兼也。"华表欲登九卿,会受诛,忠贤排摈。寿遂卒洛下,位望不充其才,当时冤之。[2]

---

[1] [西晋]陈寿:《三国志》,中华书局1959年版,第1079页。
[2] [东晋]常璩撰:《华阳国志校补图注》,任乃强校补图注,上海古籍出版社1987年版,第634页。

《华阳国志·后贤志·李密传》载：

陇西王司马子舒深敬友之。而贵势之家惮其公直。密去官，为州大中正。性方亮，不曲意势位者，失荀、张指，左迁汉中太守。诸王多以为冤。一年，去官。年六十四卒。[1]

《晋书·陈寿传》载：

张华将举寿为中书郎，荀勖忌华而疾寿，遂讽吏部迁寿为长广太守。辞母老不就。杜预将之镇，复荐之于帝，宜补黄散。由是授御史治书。以母忧去职。母遗言令葬洛阳，寿遵其志。又坐不以母归葬，竟被贬议。初，谯周尝谓寿曰："卿必以才学成名，当被损折，亦非不幸也。宜深慎之。"寿至此，再致废辱，皆如周言。后数

---

[1] [东晋] 常璩撰：《华阳国志校补图注》，任乃强校补图注，上海古籍出版社1987年版，第638页。

岁,起为太子中庶子,未拜。[1]

《晋书·李密传》载:

> 出为温令,而憎疾从事,尝与人书曰:"庆父不死,鲁难未已。"从事白其书司隶,司隶以密在县清慎,弗之劾也。密有才能,常望内转,而朝廷无援,乃迁汉中太守,自以失分怀怨。及赐饯东堂,诏密令赋诗,末章曰:"人亦有言,有因有缘。官无中人,不如归田。明明在上,斯语岂然!"武帝忿之,于是都官从事奏免密官。后卒于家。[2]

可知,陈寿、李密二人或因才犯忌,或因文见弃,政治运势都难逃西晋权宦的左右。

---

[1] [唐]房玄龄等:《晋书》,中华书局1974年版,第2138页。
[2] [唐]房玄龄等:《晋书》,中华书局1974年版,第2276页。

（三）王崇

《华阳国志·后贤志·王化传》后附《王崇传》曰：

> 少弟崇，字幼远，学业渊博，雅性洪粹。蜀时东观郎。大同后，梁州辟别驾，举秀才，尚书郎。与寿良、李密、陈寿、李骧、杜烈同入京洛，为二州标俊。五子情好未必能终，惟崇独以宽和无所彼此。著《蜀书》及诗、赋之属数十篇。其书与陈寿颇不同。官至上庸、蜀郡太守。[1]

王崇所作《蜀书》之《后主论》及《姜维论》片段均载于《华阳国志·刘后主志》中。他的史识与文笔均逊于陈寿。常璩在《华阳国志》中引述王崇之

---

[1]［东晋］常璩撰：《华阳国志校补图注》，任乃强校补图注，上海古籍出版社1987年版，第632—633页。

文，主要是对陈寿《三国志》做史料补充。这一点，任乃强在校注《华阳国志》时，专作案语辨明。

（四）阎缵

阎缵是忠烈之士，《晋书》中有传。其因愍怀太子之废而舆棺诣阙、上书理冤的事迹及全篇奏文流传至今。此外，其因皇太孙册立之事而呈给西晋朝廷的三篇疏奏等公文善引古事古义，言辞朴质恳切，执理不屈，颇具性情。《晋书·周处传》记录了阎缵在周处殉国后所写的一首悼诗："周全其节，令问不已。身虽云没，书名良史。"[1] 此作虽文辞平平，却可见其品行。

（五）李兴

李兴，李密之子。《华阳国志·后贤志·李密传》后附其事曰：

---

[1] [唐]房玄龄等：《晋书》，中华书局1974年版，第1571页。

密六子皆英挺秀逸，号曰六龙。……少子兴，字隽硕，太傅参军。[1]

《晋书·李密传》后附其传曰：

兴字隽石，亦有文才，刺史罗尚辟别驾。尚为李雄所攻，使兴诣镇南将军刘弘求救，兴因愿留，为弘参军而不还。尚白弘，弘即夺其手版而遣之。兴之在弘府，弘立诸葛孔明、羊叔子碣，使兴俱为之文，甚有辞理。[2]

李兴所作《诸葛丞相故宅碣表》全文录于《三国志·蜀书·诸葛亮传》裴注中。该文不仅结构严整，在措辞、骈对以及用韵方面亦趋向典丽圆畅。与其父李密的《陈情表》相比，李兴的表文颇能体现出魏晋

---

[1] [东晋]常璩撰：《华阳国志校补图注》，任乃强校补图注，上海古籍出版社1987年版，第638—639页。
[2] [唐]房玄龄等：《晋书》，中华书局1974年版，第2276页。

易代文风承递嬗变的轨迹。[1]

陈寿、李密、王崇、阎缵、李兴之外，尚有文立、任熙、王长文、常宽、陈符、陈莅、李赐等蜀汉归晋士人颇具文名，且史传（主要为《华阳国志》和《晋书》）中记载了他们著述论学、赋诗作文的相关事迹。但他们所写的诗歌文章今已散佚、无从查考。[2]检视文立、任熙、王长文等人的生平事迹，可知他们师承、道统多属儒家而各具性情，或贤良方正，或任

---

[1] 孙宝：《魏晋文学与儒学关系研究》，浙江大学2008年博士学位论文，第106页。
[2] 文立、王长文二人，《华阳国志·后贤志》及《晋书》中均有传。常宽，《华阳国志·后贤志》中有传。陈符、陈莅二人之事迹，《华阳国志·后贤志》于《陈寿传》后附载。李赐之事迹，《华阳国志·后贤志》及《晋书》均附载于《李密传》后，与李兴事迹同列。

诞放旷[1]，或韵度雅远，在世时皆具美誉。由此推测他们未传世的诗文旨趣，或也与陈寿、李密、王崇、阎缵、李兴相类似。

三

蜀汉归晋，士情颓势难挽，文坛随之寥落，可谓：易朝为官，荣辱操他人之手；降臣气短，落笔有自屈之心。且归晋蜀士大多懒于以交游之名而攀权附贵，惰于以文章而显才求誉，是故西晋之巴蜀文坛、学派愈加萧条，规模亦较蜀汉更趋式微。再者，魏晋诗文之盛颇赖玄理清谈之功，而检视归晋蜀士之文

---

[1]《华阳国志·后贤志》载曰："王长文，字德俊，广汉郪人也。父颙，字伯元，犍为太守。长文天姿聪警，高畅敏识；治《五经》，博综群籍。弱冠，州三辟书佐。丁时兴衰，托疾归家。大同后，郡功曹。察孝廉，不就，遂阳愚。尝绛衣绛帽，牵猪过市中乞。人与语，伪不闻。常骑牛周旋。郡守初至，诣门修敬，至闾。走出，请，终不还。刺史淮南胡罴辟从事祭酒，卧在治。罴出板举秀才，长文阳发狂疾，步担走出门。罴累遣教请还，终不顾。还家养母。独讲学。"（[东晋]常璩撰：《华阳国志校补图注》，任乃强校补图注，上海古籍出版社1987年版，第645页。）从中可见，其人行状堪作归晋蜀名士有意避世的一个典型。

情，可知玄风影响巴蜀士林较小，导致巴蜀文章整体创新乏力。上述状况在西晋三十余年承平岁月中静默无澜，迨及李特父子乱起蜀中，更加无以振作；后又历东晋并十六国、南北二朝各豪强政权之争夺往复，最终势坠谷底。其间，巴蜀文章足以称雄者又有常璩之《华阳国志》。其孤峰独峙，无愧于抵御江左轻蜀风气的发愤之作。欲论巴蜀文学全面复兴的景况，则须到初唐时方可置言了。

西晋治吴政策与吴士心态

西晋治吴是两晋历史进程中的一件大事。《晋书·武帝纪》载太康元年（公元280年）事曰：

> 三月壬申，王濬以舟师至于建邺之石头，孙皓大惧，面缚舆榇，降于军门。濬杖节解缚焚榇，送于京都。[1]

《三国志·吴书·三嗣主传》注引《晋阳秋》曰：

---

[1] [唐]房玄龄等：《晋书》，中华书局1974年版，第71页。

濬收其图籍，领州四，郡四十三，县三百一十三，户五十二万三千，吏三万二千，兵二十三万，男女口二百三十万，米谷二百八十万斛，舟船五千余艘，后宫五千余人。[1]

孙吴败亡，西晋对吴地的治理随即开始。

一

治吴与治蜀有所不同。蜀汉投降后，王室和诸多朝臣被迫迁居异地；吴亡后，其君臣虽也被迫迁居异地，但西晋朝廷对吴地大族、将吏的去留采取了更为宽容的政策。

《晋书·武帝纪》载太康元年事曰：

吴之旧望，随才擢叙。孙氏大将战亡之家徙

---

[1]［西晋］陈寿：《三国志》，中华书局1959年版，第1177页。

于寿阳,将吏渡江复十年,百姓及百工复二十年。[1]

同时:

其牧守已下皆因吴所置,除其苛政,示之简易,吴人大悦。[2]

如此区别对待,并不能说明西晋朝廷防蜀胜于防吴,而是综合吴地旧有国情与现实政治等因素后的决策。陈寅恪在《述东晋王导之功业》一文中指出:吴、蜀统治阶级性质的差异是造成两国士民对西晋政权态度不同的主要原因。魏与蜀为崇法术的寒族政治代表,吴与晋(含魏末司马氏执政时期)则是崇儒术的豪族政治代表;蜀汉士民归晋后反抗力较弱,孙吴士民归晋后反抗力较强。所以,西晋治蜀采用强迁朝

---

[1] [唐]房玄龄等:《晋书》,中华书局1974年版,第72页。
[2] [唐]房玄龄等:《晋书》,中华书局1974年版,第71页。

廷、消解蜀汉社会组织、最小化其残余政治势力的办法；治吴则重在安抚，"融化"其原有豪族势力，借助其力量来稳定江东社会的统治秩序。[1]《晋书·武帝纪》中的记载印证了陈寅恪先生的这一观点。西晋朝廷把"孙氏大将战亡之家"迁至寿阳（今安徽淮南寿县）——魏吴对抗时期的曹魏军事重镇，正是出于军民的苦怨太多、心气难平，既不宜远徙又需加强管理监控的双重考虑。而将其他孙吴官吏、士族和庶民百工就地安置，或"随才擢叙"，或"因吴所置"，均属于稳定江东社会秩序的怀柔之举。

继陈寅恪之论，唐长孺在《孙吴建国及汉末江南的宗部与山越》一文中进一步证实，孙吴政权之兴建乃发源于以地方豪族为首的宗部联盟，此与东汉末年普遍存在的宗部势力发展密切相关。该文中特别指出，东汉末年以宗族、乡里为核心的武装组织是极其普遍的，南北并无太大不同；但在江南一带，山越旧

---

[1] 陈寅恪:《金明馆丛稿初编》，生活·读书·新知三联书店2001年版，第56—57页。

民与宗部的密切关系加固了该状况。这使得孙吴政权建立后，顺势采用了一种与之相适应的，以领兵制与复客制为核心的特殊分封制度。[1] 吴中大族的政治、经济乃至军事实力在该制度的保障下愈益扩大，迨及孙吴政权末期，南方本土大族的势力便全面超越了北来侨寓之高门贵族而成为孙吴政权力量之主流。[2] 这种孙吴特有国情既是西晋朝廷在平吴后所面对的主要政治现实，也是导致西晋治吴与治蜀方式不同的深层原因。

陈寅恪、唐长孺二人均强调，三国时期，孙吴豪门大族之实力绝非蜀汉地方大姓可比，甚至较曹魏门阀权贵亦有过之。平吴后，西晋朝廷没有像对待归降后的蜀汉大族那样，将地方大族的权力设法收归中央，而是容许了吴地大族对名义上属于政府的私兵部曲的支配权——同意将领兵世袭制度作为那些豪门大

---

[1] 唐长孺：《魏晋南北朝史论丛》，商务印书馆2010年版，第18页。
[2] 唐长孺：《魏晋南北朝史论丛》，商务印书馆2010年版，第21页。

族的特权进行保留和延续,并默许了他们对田客(农奴)的私有化。西晋朝廷在吴地士民迁徙政策上的宽容,乃是最大限度避免损害吴地大族利益的举措。这一方面是为了利用吴中本土大族势力防止兵变、民乱的发生,另一方面也是为了争取充分的时间驯服吴人。

二

学者方北辰在整体考察了西晋治吴政策后,对于其根本原则做出了"经济上不触动,政治上不使用"[1]的精辟概括。可补充的是,西晋朝廷对吴地的军事防范也是与上述两条原则并行的重要举措,三者结成了西晋治吴方略的基本架构。通过分析三者间的关系,能够较清晰地见出西晋治吴方略的三要作用与影响。

---

[1] 方北辰:《魏晋南朝江东世家大族述论》,文津出版社1999年版,第59页。

首先,"经济上不触动"的治理之策最为重要。其核心内容是尽量不与吴中豪门大族的原有利益相冲突。王仲荦在《魏晋南北朝史》中指出:

> 东吴政权被西晋消灭了,可是江东世家豪族大地主除了缴出孙吴政权过去交给他们率领的一部分世袭兵以外,他们的经济基础一点也没有变动,他们的家兵也并没有收编或解散。这一支武装力量,在以后西晋政权崩溃的时候,还起了周玘"三定江南"的作用,成为东晋统治阶级稳定江东的重要支柱力量。[1]

与司马氏平蜀后大量迁徙蜀中外籍政治势力的举措相比,上述策略着实有远见。

一则,由于外籍势力的迁出和本地缺乏强宗大族势力巩固社会秩序,蜀地在西晋末期的"八王之乱"

---

[1] 王仲荦:《魏晋南北朝史》,中华书局 2007 年版,第 114 页。

中陷于巴賨流民起义,而彼时的江东虽也遭受战乱,却依靠其地方大族力保政局,为晋室南迁奠定了基础。

二则,西晋朝廷不仅对吴中豪门大族利益多有迁就,不强行剥夺孙吴百姓的旧有生存条件和生活方式,甚至有所改善(如《晋书·武帝纪》中所谓"除其苛政,示之简易")。这颇能见出西晋朝廷对孙吴覆灭的政治教训有着充分认识。《三国志·吴书·三嗣主传》注引《江表传》所载孙皓于家国濒临败亡时致其舅何植的信中有云:

> 不守者,非粮不足,非城不固,兵将背战耳。兵之背战,岂怨兵邪?孤之罪也。天文县变于上,士民愤叹于下,观此事势,危如累卵,吴祚终讫,何其局哉![1]

───────

〔1〕[西晋]陈寿:《三国志》,中华书局1959年版,第1176-1177页。

孙吴当时已是军心散乱、民情不附、士气沦丧，敌未入而自先败。对此，《三国志·吴书》中所载吴末（公元257年—266年）农民起义接连爆发亦可辅证。

由此可知，西晋治吴之经济政策较为成功，基本保证了平吴后江东地区的社会安定。

其次，为做好平吴后的军事防范，除了将"孙氏大将战亡之家徙于寿阳"以便监控外，西晋朝廷又派遣大将重兵驻扎于东南军事要冲（如荆、扬二州）。《晋书·刘颂传》载其疏奏文中，有"自吴平以来，东南六州将士更守江表"以及"又内兵外守，吴人有不自信之心，宜得壮主以镇抚之，使内外各安其旧"[1]等语，从中可窥见当时的形势。有学者曾专文探讨了西晋在平蜀与平吴后向两地分别派遣镇守官员的情况，以益州刺史和荆、扬二州刺史人选之比较为例，证明了西晋对吴地之防范监控力度有着明显强

---

[1] [唐]房玄龄等：《晋书》，中华书局1974年版，第1294页。

于蜀中的现象。[1]

然而,西晋治吴的经济政策与军事举措虽是宽严相济,吴人归化状况也不完全如其所愿。典型表现之一即孙吴民乱甚于蜀汉。此从《晋书·华谭传》所载晋武帝对华谭的策问中可见一斑。其文云:

> 策曰:"吴蜀恃险,今既荡平。蜀人服化,无携贰之心;而吴人恣睢,屡作妖寇。岂蜀人敦朴,易可化诱;吴人轻锐,难安易动乎?今将欲绥静新附,何以为先?"[2]

华谭对曰:

---

[1] 该文以蜀将霍弋、罗宪和吴将陶璜、滕修归晋后的相关事迹为例,证明了西晋朝廷对蜀、吴两国归降之边疆大吏的任用目的是利用他们在原辖地的势力基础,在特定时期内安定边疆。参见刘东升:《西晋政权对蜀吴两国降人的相关政策》,《南都学坛》2009年第4期。
[2] [唐]房玄龄等:《晋书》,中华书局1974年版,第1450页。

蜀染化日久，风教遂成；吴始初附，未改其化，非为蜀人敦悫而吴人易动也。然殊俗远境，风土不同，吴阻长江，旧俗轻悍。所安之计，当先筹其人士，使云翔阊阖，进其贤才，待以异礼；明选牧伯，致以威风；轻其赋敛，将顺咸悦，可以永保无穷，长为人臣者也。[1]

《资治通鉴》载西晋太康二年（公元281年）事亦云：

是岁，扬州刺史周浚移镇秣陵。吴民之未服者，屡为寇乱，浚皆讨平之。宾礼故老，搜求俊乂，威惠并行，吴人悦服。[2]

由上述两处记载可知，无论是吴中名士华谭呈献

---

[1] [唐]房玄龄等：《晋书》，中华书局1974年版，第1450页。
[2] [宋]司马光：《资治通鉴》，中华书局1956年版，第2577页。

给晋武帝的安吴之方，还是西晋名臣周浚平息吴地民乱后的收心之法，其要义皆在于招贤纳士、礼遇俊彦。这种对策被西晋统治者认为是合理且必要的，于是在平吴之初即发出"吴之旧望，随才擢叙"的政令。可惜该项政令执行不力。究其主要原因，乃是门阀政治在西晋已成定局，西晋之高门大族均以维护自身利益为根本，奉行政治上的地域排异。所以，晋廷对吴地才俊的"政治上不使用"与统治者的政令自相矛盾。晋武帝虽明知自己对归晋吴士的政治承诺已落空，却仍相信唯有与中原门阀世族结成利益共谋才能奠定其执政基础。最终，他做出了因循守旧的政治决策，造成南北士人在西晋一朝隔阂难消的局面。

从《三国志》《晋书》等史籍中所载随孙皓入洛的文臣薛莹和武将周处、吾彦等人的事迹可知，薛莹曾为孙皓造降书，归晋后仅出任散骑侍郎这一闲职，不到两年即去世；周处、吾彦归晋后很快被朝廷北遣守边。这些例证较典型地反映出，在西晋朝廷的中枢领域，所谓"吴之旧望，随才擢叙"不过虚有其名。

整个治吴过程中，西晋朝廷始终将遏制朝中江南士人的政治势力作为除经济安抚之外最坚定的原则。其负面影响还导致了对江东百姓相关安抚政策的执行偏差和落实不力。对此，孙吴旧域之士情民意岂能无怨？归晋之初的"屡作妖寇"便体现出吴人对自身所受不公待遇的激烈反抗。

三

就吴地整体民情而言，并土入晋后尚属稳定。吴地士人对于西晋门阀的排斥虽不满，但多数都清楚认识到吴亡晋兴乃大势所趋。所以，在历经了五至十年的观望期后，一些极具名望的江南高门子弟或应征辟，或应举荐，在太康末期或稍后时段渐次入洛。当今研究者在对《三国志》及《晋书》所载相关史料进行统计分析后得出：吴亡后入洛的吴中士人代表有二十余人。他们的入洛状况体现了三个特征：一是人数较少；二是所任官职多为散官，获得的是优崇置冗的官号，并无实职；三是就入洛时间而言，集中在太康末年，此时距吴国灭亡约十年时间。[1] 这一方面呼应了西晋平吴后为招贤纳士而特设的"十年"期限，另一方面也再次证明西晋治吴政策所取得的效用实不能掩盖其痼疾——对归晋吴士的政治排挤。

相比之下，保护自身本土利益的观念才是决定吴地高门大族进退的主导因素。这使得留守吴地的士人数量远超入洛吴士的数量。毕竟，亡国为俘，受人轻蔑，精神上是很痛苦的。《晋书·周处传》载：

> 及吴平，王浑登建邺宫酾酒，既酣，谓吴人曰："诸君亡国之余，得无戚乎？"处对曰："汉末分崩，三国鼎立，魏灭于前，吴亡于后，亡国之戚，岂惟一人！"浑有惭色。[2]

可见，西晋权臣轻视吴士的姿态在刚得胜时便已

---

[1] 翁颖：《西晋时期孙吴旧地士人入洛原因考察——以二陆为中心》，《廊坊师范学院学报》（社会科学版）2010年第1期，第61页。

[2] ［唐］房玄龄等：《晋书》，中华书局1974年版，第1570页。

出现。《晋书》又载,薛莹去世后,其同僚陆喜所作《较论品格篇》中有云:

> 或问予,薛莹最是国士之第一者乎?答曰:"以理推之,在乎四五之间。"[1]

面对提问者的愕然,陆喜又说道:

> 夫孙皓无道,肆其暴虐,若龙蛇其身,沈默其体,潜而勿用,趣不可测,此第一人也。避尊居卑,禄代耕养,玄静守约,冲退澹然,此第二人也。侃然体国思治,心不辞贵,以方见惮,执政不惧,此第三人也。斟酌时宜,在乱犹显,意不忘忠,时献微益,此第四人也。温恭修慎,不为谄首,无所云补,从容保宠,此第五人也。过

---

[1] [唐]房玄龄等:《晋书》,中华书局1974年版,第1486页。

此已往,不足复数。[1]

从中可知,吴地诸多享有盛誉的名士在孙皓施行暴政时即以保身为明智之举,及至降晋前后,许多吴士的心态已趋于避世了。

检阅陆云与其家乡友人的通信也能发现,有鉴于早期归晋吴士的政治地位窘迫,吴地多数有识之士都选择隐而不仕。他们对时局明显持观望态度,且不乏微词乃至愤懑。如《与戴季甫书七首》之三有云:

> 江南初平,人物失叙,当赖俊彦,弥缝其阙。[2]

《与杨彦明书七首》之三有云:

---

[1] [唐]房玄龄等:《晋书》,中华书局1974年版,第1486页。
[2] [西晋]陆云著:《陆士龙文集校注》,刘运好校注,凤凰出版社2010年版,第1227页。

阶途尚否，通路今塞，令人罔然。名论允进，远而有光者，度此显期，不淹名望耳。庙堂之士，比迹山栖者，悲叹岂惟一人？[1]

《与杨彦明书七首》之六有云：

东人近未复有见叙者，公进屈久，恒为邑罔党。[2]

《与陆典书十首》之五有云：

愚以东国之士，进无所立，退无所守，明裂眦苦，皆未如意。云之鄙姿，志归丘垄。荜门闺窬之人，敢晞天望之冀？至于绍季札之遐踪，结禺肝于中夏，光东州之幽昧，流荣勋于朝野，所

---

[1] [西晋] 陆云著：《陆士龙文集校注》，刘运好校注，凤凰出版社 2010 年版，第 1244 页。

[2] [西晋] 陆云著：《陆士龙文集校注》，刘运好校注，凤凰出版社 2010 年版，第 1252 页。

谓窥管以瞻天，缘木而求鱼也。[1]

在这种背景下，薛莹因随旧主孙皓入洛，方能"既至洛阳，特先见叙"[2]，且因"答问处当，皆有条理"[3]，其名声在早期入洛吴士中较为显著，故而被中原士人格外关注。

四

平吴后的数年内，南北士人隔阂虽较严重，但随着"太康之治"的到来和部分吴地士人政治观望阶段的结束，以二陆、顾荣为代表的吴地精英和以孔、虞为代表的会稽大姓在太康末期引领了一次吴士入洛的

---

[1] [西晋]陆云著：《陆士龙文集校注》，刘运好校注．凤凰出版社2010年版，第1267页。
[2] [西晋]陈寿：《三国志》，中华书局1959年版，第1256页。
[3] [西晋]陈寿：《三国志》，中华书局1959年版，第1256页。

风潮，使中原门阀对江南士人增进了认识。[1] 能够开启这种较为和谐的局面，晋武帝怀柔吴士的政策导向发挥了一定的作用。《晋书·陆云传》后附《陆喜传》有云：

> 太康中，下诏曰："伪尚书陆喜等十五人，南士归称，并以贞洁不容皓朝，或忠而获罪，或退身修志，放在草野。主者可皆随本位就下拜除，敕所在以礼发遣，须到随才授用。"[2]

此外，以张华、杨骏、贾谧为代表的西晋高官权贵也有不少赞赏和拔擢吴士的行为载录于史册，这证明西晋朝廷在晋武帝离世后仍延续了其怀柔吴士的策略。

---

[1] 二陆（陆机、陆云）及顾荣入洛事件堪为吴士入洛之分水岭，大部分吴地旧士之入洛皆在其前后。参见翁颖：《西晋时期孙吴旧地士人入洛原因考察——以二陆为中心》，《廊坊师范学院学报》（社会科学版）2010年第1期。
[2] [唐]房玄龄等：《晋书》，中华书局1974年版，第1487页。

吴士入洛后大都尽力举荐乡贤,以求在朝廷中建立抵御中原权贵排挤的地方势力,这与吴地望族后代振兴祖业的愿望一致。但因入洛吴士所欲分享者乃西晋门阀的核心利益,故其政治抱负即便偶得西晋皇室政策和部分朝中权贵的助力,也极难实现。《抱朴子·外篇·审举》即有云:

> 昔吴士初附,其贡士见偃以不试。今太平已近四十年矣,犹复不试。所以使东南儒业衰于在昔也。[1]

可见,归晋吴士之仕途不仅在西晋一朝无甚起色,就是到了东晋初期也没有得到充分改善。这使得归晋吴士在政治心态上表现出了自尊自傲、积极进取与无奈委屈、黯然神伤相纠合的复杂情绪。

《世说新语·赏誉》第十九条云:

---

[1] 杨明照:《抱朴子外篇校笺》(上),中华书局1991年版,第413页。

张华见褚陶，语陆平原曰："君兄弟龙跃云津，顾彦先凤鸣朝阳。谓东南之宝已尽，不意复见诸生。"陆曰："公未睹不鸣不跃者耳！"[1]

陆机所作之《荐贺循、郭讷表》《与赵王伦笺荐戴渊》《荐张畅表》等文也通过因事陈情的方式，表明了他渴望西晋朝廷鼓励吴士参政建功。同样，从史籍所载华谭、陆云、顾荣等向西晋皇室或权贵推荐吴士之事迹、言论与文章中可见，入洛吴士进取之心一气相通。他们的积极行事也与一些西晋权贵的优待密切相关——张华、贾谧等人或对他们目之以"东南之宝"、誉为"南金"，或将他们引为朋辈，邀入"二十四友"之列。受到青睐的归晋吴士内心既不乏对知遇者的感激，更有借机实现个人政治抱负的意图。因此，当贾谧、司马伦之类政治行径和道德品格方面污点较多的权贵有心笼络时，以二陆为代表的部分吴地

---

[1] [南朝·宋] 刘义庆撰：《世说新语笺疏》，余嘉锡笺疏，中华书局2007年版，第511页。

高门名士也并未拒绝。

但即便是低姿态地谋求进取,吴士入洛后的收获也并不理想。在仕途上,《晋书·刘颂传》载其任职河内郡后上奏云:"又孙氏为国,文武众职,数拟天朝,一旦堙替,同于编户。"[1] 其中所言平吴后的吴地状况与应对设想,类似华谭回答晋武帝的策问。可惜,晋武帝与朝中部分开明官员虽有改善吴士待遇之意,却难逆西晋门阀去除异己之决心。《晋书·顾荣传》有云:

> 时南土之士未尽才用,荣又言:"陆士光贞正清贵,金玉其质……陶恭兄弟才干虽少,实事极佳。凡此诸人,皆南金也。"书奏,皆纳之。[2]

---

[1] [唐]房玄龄等:《晋书》,中华书局1974年版,第1294-1295页。

[2] [唐]房玄龄等:《晋书》,中华书局1974年版,第1814页。

可见，直至西晋末期江左政局草创时，吴士的政治地位及待遇仍然欠佳。

在声望方面，连品行清高者（如陆机）也难免受辱蒙冤。《晋书·陆机传》载惠帝太安二年（公元303年）事曰：

> 初，宦人孟玖弟超并为颖所嬖宠。超领万人为小都督，未战，纵兵大掠。机录其主者。超将铁骑百余人，直入机麾下夺之，顾谓机曰："貉奴能作督不！"机司马孙拯劝机杀之，机不能用。[1]

该事件中，小都督孟超仗势抗命，在身为河北大都督的陆机麾下公然夺人，甚至以"貉奴"之称相辱，而陆机却不敢以杀伐决断为己雪耻，其后更因此招致弟兄惨死、三族被夷的灾祸。并参史籍所载顾

---

[1] ［唐］房玄龄等：《晋书》，中华书局1974年版，第1480页。

荣、周处等文臣武将在归晋后所遭遇之种种险恶与构陷，更可叹彼时吴士建功立业之艰难。

西晋门阀政治的统治形态既然以排除异己为导向，则南北士人之隔阂与积怨自然难以在短期内消除。周一良先生曾列举数种史料，证明此种不良关系一直持续至西晋末，待到"衣冠南渡"后，"统治阶级内部排斥南人情况始有扭转，南人自卑情绪亦有改变"[1]。

《世说新语·言语》第二十九条云：

> 元帝始过江，谓顾骠骑曰："寄人国土，心常怀惭。"荣跪对曰："臣闻王者以天下为家，是以耿、亳无定处，九鼎迁洛邑。愿陛下勿以迁都为念。"[2]

虽然后世学者辨明这并不是司马睿称帝后与顾荣

---

[1] 周一良：《魏晋南北朝史札记》，中华书局1985年版，第74页。
[2] ［南朝·宋］刘义庆撰：《世说新语笺疏》，余嘉锡笺疏，中华书局2007年版，第108-109页。

的对话[1],但将之与《晋书》所载顾荣荐南士之举相对照,也可证明,自江左政局草创及至东晋开国前,南北士人间的矛盾依然显著。陈寅恪在《述东晋王导之功业》一文中特案此条云:

> 东晋元帝者,南来北人集团之领袖。吴郡顾荣者,江东士族之代表。元帝所谓"国土"者,即孙吴之国土。所谓"人"者,即顾荣代表江东士族之诸人。当日北人南来者之心理及江东士族对此种情势之态度可于两人问答数语中窥知。顾荣之答语乃允许北人寄居江左,与之合作之默契。[2]

在进一步分析后,陈寅恪做出判断:南北政治形

---

[1] 余嘉锡案此条曰:"顾荣卒于元帝未即位以前,不当称陛下。《世说》此条已为敬胤所驳,见汪藻《考异》。"([南朝·宋]刘义庆撰:《世说新语笺疏》,余嘉锡笺疏,中华书局2007年版,第109页。)

[2] 陈寅恪:《金明馆丛稿初编》,生活·读书·新知三联书店2001年版,第59页。

势与士人心态从整体转入了区别于西晋的新格局——南北士人地位状况由全然不平等而渐趋相互迁就利用，对后世影响深远，是为：

> 此两方协定既成，南人与北人戮（勠）力同心，共御外侮，而赤县神州免于全部陆沉，东晋南朝三百年之世局因是决定矣。[1]

五

总体上，自占领东吴后，西晋治吴政策即因时势而定，形成了经济安抚、政治遏制、军事防范三位一体、相辅相成的架构。该治理架构嵌入西晋政治格局后，经一朝基本不变，正反两方面作用均有不同程度的显现。其中的正面作用在"太康十年"期间表现得较为充分：经济上的安抚维护了江东世家大族的基本

---

[1] 陈寅恪：《金明馆丛稿初编》，生活·读书·新知三联书店2001年版，第59页。

利益，稳定了孙吴故地的政治秩序；对孙吴归降士人的政治遏制被纳入门阀政治的统治格局，有利于平衡朝中各方势力；军事上的防范降低了孙吴降将谋反的风险，控制了民变带来的损害。此三者整体效用的协调发挥，对"太康之治"的实现大有裨益——部分江东望族名流在太康年间的入洛出仕即为证明。但随着西晋门阀政治本身缺陷的逐渐凸显，西晋治吴政策的负面作用也开始不断显现。其实质为对孙吴降士的政治遏制加剧了西晋门阀政治格局中的势力之争，二陆、顾荣等归晋吴士代表被迫卷入"八王之乱"即为典型表现。

无论西晋治吴政策的正反作用如何消长，其对归晋吴士心态的影响都是深远的。考察二者之间的相互关系即可发现：归晋吴士心态走过了一条由消极被动到略有希冀，复加失望，终获从容的坎坷之路。这也正是西晋治吴政策利弊的某种反映。

概言之，单论西晋一朝，其治吴政策可谓得失各半；但通观两晋，则可谓利大于弊。最主要的原因在于西晋治吴政策中经济安抚的核心举措保全了孙吴旧土有序的政治格局，为西晋朝廷"衣冠南渡"提供了坚实的根据地，作为"南来北人"的中原门阀士族因此才有了弥补"前愆"之机，得以"再造"江东河山，从而将中华文化的命脉顺利延入了东晋。

归晋吴士的文学创作状况

一

三国时期,"吴蜀文学,与曹魏文学相比,在总体成就上未能蔚成大国,勉为附庸。作者既少,作品亦不多,此皆文化环境历史情势使然"[1]。此类论断已为学界公认。而就吴蜀文学成就再行对比,吴又较

---

[1] 徐公持:《魏晋文学史》,人民文学出版社1999年版,第214页。

蜀为强。[1]造成这种现象的原因至少有两个：一是吴蜀亡国时间有先后；二是吴蜀归降司马氏政权后所受的治理方式不同。

吴之国力原胜于蜀，且亡国时间比蜀迟了十七年，加之西晋朝廷以"十年""二十年"为宥期给孙吴大族、将吏、牧守之属乃至庶民百工就地安置的特殊政策，促使其本土文化的生存发展条件较蜀汉优渥。基于此，吴士归晋后的整体文学创作状况自然也较彼时的蜀汉士人更繁荣。

徐昌盛依据《隋书·经籍志》载录情况、传世史书著录情况、严可均所辑《全吴文》对作者"有韵"之文的收录情况、作者于孙吴存国期间有无可观文学创作活动四条标准对西晋可称文学家的吴籍二人做了

---

[1] 通过对四篇较为系统地研究吴、蜀文学的专题论文（王绍卫：《孙吴文学与学术》，暨南大学2006年硕士学位论文；徐昌盛：《三国吴地文化与文学》，北京大学2008年硕士学位论文；戴智恒：《三国蜀汉文学研究》，湖南师范大学2011年硕士学位论文；朱贤高：《三国蜀汉文学研究》，重庆工商大学2012年硕士学位论文）中关于吴、蜀文学家及文学作品数量（规模）的统计进行比较，能清晰地看出孙吴文学创作的整体成绩胜于蜀汉。

统计，认为孙吴一朝可称文学家的吴籍士人共38人。除生卒年不详且无史料证实具有入晋事迹者外，经历亡国易代者共有10人，依卒年先后序次分别为薛莹、孙皓、陆喜、郑丰、盛彦、褚陶、孙拯、陆机、陆云、张翰。

据胡阿祥以作者籍贯为首要区别，辅之以其他更严格的遴选标准（如：并非所有在传世史书著录中有其文学作品记载者均算做文学家，主要文学活动在西晋的吴籍文人皆计做西晋文学家等）而做出的统计，可知籍属吴地而主要文学活动现于西晋的士人有刘颂、陶浚、纪瞻、殷巨、蔡洪、顾荣、吴商、周处、夏靖、杨泉、闵鸿，共11人。此外，有华谭、薛兼、贺循3人，皆身历亡国易代之事（三人主要功绩在东晋），由史传所载可知他们在归晋后不乏文学活动，亦当计入归晋的孙吴文学家之列。[1]

于是，可将共24位吴籍士人视作归晋的孙吴文学家。该24人中，亡国之君孙皓因身份特殊而另当别论，褚陶、陶浚、薛兼3人未见文章流传于今，殷巨、吴商2人归晋后事迹不详且传世文章难以根据内容判定是否为吴亡后所作。由此进一步筛选后可知，至少仍有18位吴士的归晋事迹及创作可视作魏晋时期孙吴士人文学的延续和发展。而以同类标准统计蜀汉归晋后的士人文学作者，其总数仅为吴籍作者之半，且其中又以归晋后事迹不详、文章不传者居多。这也再次证明，归晋吴士的文学创作状况较归晋蜀士为佳，在西晋文坛上占据了更为重要的地位。

---

[1] 详见胡阿祥《魏晋本土文学地理研究》（南京大学出版社2001年版）第一章《魏晋文学家籍贯的地理分布》第一节《文学家考表》、第二节《文学家籍贯分布表与籍贯分布图》。胡阿祥认为，孙吴一朝本土有可称文学家者18人，若包含侨寓文人在内则总计25人（陆喜做西晋文学家计），西晋时期籍属吴地之文学家有17人（贺循做东晋文学家计）。本文旨在整体概述归晋吴士文学创作的著录情况，主要强调作家籍属，故从徐昌盛之统计标准。

二

归晋吴士中除陆机、陆云、周处、贺循等寥寥数人有篇幅较多的诗文著述传世,可以整理成册外,大部分士人的创作及相关事迹散佚严重,分布于各类史籍、文选、笔记、类书和诗文总集中。兹略加钩沉,将除孙皓、褚陶、殷巨等6人外的18位归晋吴士的文学创作及相关文献著录情况逐一罗列并扼要述析如下。

(一) 薛莹

《三国志·吴书·薛综传》后附《薛莹传》,传云:"著书八篇,名曰新议。"[1] 薛莹传世之诗有《献诗》《答华永先诗》两首,逯钦立辑其诗入《晋诗》。上述诗为薛莹归晋前的创作,文辞典雅规整,风

---

〔1〕[西晋]陈寿:《三国志》,中华书局1959年版,第1061页。

格并不突出，乃应时应事之作。《隋书·经籍志·集部》载曰："晋散骑常侍《薛莹集》三卷。"[1]今佚。

作为代孙皓作降书的重要文士，薛莹归晋后明辨吴亡因由，不为旧主讳。其态度在士人群体中有一定争议。《三国志·吴书·薛综传》后附《薛莹传》注引王隐《晋书》曰：

> 武帝从容问莹曰："孙皓之所以亡者何也？"莹对曰："归命侯臣皓之君吴也，昵近小人，刑罚妄加，大臣大将，无所亲信，人人忧恐，各不自保，危亡之衅，实由于此。"帝遂问吴士存亡者之贤愚，莹各以状对。[2]

陈寿评之曰：

> 薛综学识规纳，为吴良臣。及莹纂蹈，允有

---

[1] [唐]魏徵等：《隋书》，中华书局1973年版，第1061页。
[2] [西晋]陈寿：《三国志》，中华书局1959年版，第1256—1257页。

先风,然于暴酷之朝,屡登显列,君子殆诸。[1]

陈寿将薛莹与薛综相比,认为薛莹在为臣气节方面逊于其父。这也可以表明陈寿作为尚"实录"的当世史家对薛莹归晋前后某种"识势趋时"的政治态度是持批评意见的。

(二) 陆喜

《晋书·陆机传》后附《陆喜传》,传云:

> 喜仕吴,累迁吏部尚书。少有声名,好学有才思。尝为自叙,其略曰:"刘向省《新语》而作《新序》,桓谭咏《新序》而作《新论》。余不自量,感子云之《法言》而作《言道》,睹贾子之美才而作《访论》,观子政《洪范》而作《古今历》,鉴蒋子通《万机》而作《审机》……"

---

〔1〕[西晋]陈寿:《三国志》,中华书局1959年版,第1257页。

其书近百篇。[1]

上述作品今未见传。又载：

> 吴平，又作《西州清论》传于世，借称诸葛孔明以行其书也。[2]

《西州清论》全本已无，其中所含《较论品格篇》片段载于《晋书·陆喜传》，乃是陆喜借评价薛莹品格的机会阐述自己对孙吴末期政治乱局中吴士出处问题的思考，主旨倾向于褒扬那些沉默静藏、淡泊守志的士人。

（三）郑丰

据《隋书·经籍志·集部》记载，南朝梁时存

---

[1] [唐]房玄龄等：《晋书》，中华书局1974年版，第1486页。
[2] [唐]房玄龄等：《晋书》，中华书局1974年版，第1486页。

"吴王文学《郑丰集》二卷,录一卷"[1],今佚。现传陆云诗作中有《赠郑曼季往返八首》,包含了陆云的四首赠诗(四题、四言,共计十八章,题下有序)和郑丰的四首答诗(四题、四言,共计二十章,题下有序)。郑丰的答诗皆承风雅之旨,意蕴平和;用语虽乏新意,但表达较晓畅妥帖;题序亦有谦谦君子气,颇显文士操行。其答诗《鸳鸯》序中有云:

> 《鸳鸯》,美贤也。有贤者二人,双飞东岳,扬辉上京。其兄已显登清朝,而弟中渐,婆娑衡门。[2]

可知此诗应是作于二陆入洛后,其中不乏"时南土之士未尽才用"之叹。

---

[1] [唐]魏徵等:《隋书》,中华书局1973年版,第1063页。
[2] [西晋]陆云著:《陆士龙文集校注》,刘运好校注,凤凰出版社2010年版,第433页。

(四) 盛彦

盛彦奉母至孝,其生平事迹见于《晋书·孝友传》中,与蜀汉李密事迹相类。另据《隋书·经籍志·集部》所载,南朝梁时存有"长沙相《盛彦集》五卷"[1],今佚。盛彦传世文章四种,分别为《击壤赋》《藏弧赋》《通桑梓敬议》《与刘颂书》,由严可均据《太平御览》《通典》《北堂书钞》辑入《全晋文》。其中,《通桑梓敬议》有云:"窃见今编户之人,本或侨寓,则不为所居之国,修拜揖之敬。"[2]可知该文为盛彦归晋后所作,意在发扬公私敬祀之礼、乡邦孝悌之情。其文末曰:

> 愚谓宜为所寓之主,以崇公敬,乃先人本邦,修私敬而已。散手而跪,捧袖而揖,以示存

---

[1] [唐]魏徵等:《隋书》,中华书局1973年版,第1062页。
[2] [清]严可均:《全上古三代秦汉三国六朝文》,中华书局1958年版,第1927页。

旧过厚之意也。[1]

观归晋之吴地移民境况，可知盛彦此文名曰议谏，实乃陈情。与李密《陈情表》相较，密之文可谓私言孝事而暗表忠心，彦之文则属公呈政见而自怀乡愁。

（五）孙拯（丞）

《三国志·吴书·宗室传》注引《文士传》曰：

> 丞好学，有文章，作《萤火赋》行于世。为黄门侍郎，与顾荣俱为侍臣。……吴平赴洛，为范阳涿令，甚有称绩。永安中，陆机为成都王大都督，请丞为司马，与机俱被害。[2]

---

[1]〔清〕严可均：《全上古三代秦汉三国六朝文》，中华书局1958年版，第1927页。

[2]〔西晋〕陈寿：《三国志》，中华书局1959年版，第1217页。

孙拯传世之作唯诗一首，题为《赠陆士龙诗》，逯钦立据《陆士龙集》（四部丛刊本）、《文馆词林》、《诗纪》三种版本对此诗进行了校勘，并作案语后辑入《晋诗》。其诗虽无系年，观其意应于陆云赴洛之后所作，全诗洋溢着对陆云及其家族的推崇和赞赏，亦不乏对知交好友的期许。孙拯与二陆皆罹难于西晋政治斗争中，其不幸遭遇更加重了此诗的悲剧色彩。

（六）陆机、陆云

二陆为西晋文坛翘楚，当世并称。陆机为"太康之英"，陆云亦具高才。二人事迹文章于《三国志》《晋书》《世说新语》等史书、笔记、杂著中多有载录，各有文集流芳千年。二人于平吴前后的人生遭遇一向是研究归晋吴士历史境况的典型案例。入洛后，陆机常借诗文抒发旧家故国之思、乡土亲族之念，陆云亦有不少应和之作，大都真挚感人。二人均为归晋吴士之代表，其文学创作成就亦是西晋文学之华章，远泽后世，迄今已成专门研究之领域。

（七）张翰

《晋书·文苑传》录其事迹。《隋书·经籍志·集部》载曰："（晋）大司马东曹掾《张翰集》二卷，录一卷。"[1]今佚。其诗有四种传世：《赠张弋阳诗》《周小史诗》《杂诗三首》《思吴江歌》。逯钦立据《艺文类聚》《文馆词林》《文选》《岁华纪丽》等书辑入《晋诗》。其文有三种传世：《杖赋》《豆羹赋》《诗序》，由严可均据《艺文类聚》《北堂书钞》《初学记》辑入《全晋文》。

其中，《赠张弋阳诗》旨在告别故友，虽无系年，观其意应为张翰赴洛出仕前所作。《思吴江歌》曰：

> 秋风起兮佳景时，吴江水兮鲈鱼肥。三千里兮家未归，恨难得兮仰天悲。[2]

---

[1]［唐］魏徵等：《隋书》，中华书局1973年版，第1063页。
[2]逯钦立：《先秦汉魏晋南北朝诗》，中华书局1983年版，第738页。

其意与《世说新语》所录张翰"菰鲈之思"事迹相符。而《诗序》中有云:

永康之末,疾苦痿瘵,故人颇候之。[1]

综其事迹、诗文可见,张翰入洛后始终有故土块垒,耿耿于怀,直至辞官归乡后才得以释然。

(八)刘颂

《晋书》有传,多述其政绩,尤重其秉公执法之事。《文心雕龙·奏启》中赞曰:"刘颂殷勤于时务。"[2] 清代学者黄叔琳注其条云:"《晋书·刘颂传》:'除淮南相。颂在郡上疏言封国之制,宜如古典,及六州将士之役,凡数千言。诏褒美之。'"[3]

---

[1] [清]严可均:《全上古三代秦汉三国六朝文》,中华书局1958年版,第2077页。
[2] [南朝·梁]刘勰著:《文心雕龙》,范文澜注,人民文学出版社1962年版,第422页。
[3] [南朝·梁]刘勰著:《文心雕龙》,范文澜注,人民文学出版社1962年版,第432页。

该疏奏全文录于此传中,义正词严、理明情切,堪为一时之范。据《隋书·经籍志·集部》载,南朝梁时存"光禄大夫《刘颂集》三卷,录一卷"[1],今佚。

(九)纪瞻

《晋书》载其传,有云:

> 瞻性静默,少交游,好读书,或手自抄写,凡所著述,诗赋笺表数十篇。[2]

其文《与秀才对策》《劝进表》《久疾上书》《请征郗鉴疏》《易太极论》并书信一封(残句),共六种传世。皆由严可均辑入《全晋文》。观《晋书》所载纪瞻事迹,可知其在亡国易代后有避祸江东、伺机建功之举。司马睿为安东将军后,纪瞻获重用,从传世文章中颇可见其劝进之功、不尸位之德及慷慨荐才

---

[1] [唐]魏徵等:《隋书》,中华书局1973年版,第1062页。
[2] [唐]房玄龄等:《晋书》,中华书局1974年版,第1824页。

之量。

(十) 蔡洪

《世说新语·赏誉》第二十条有云:"有问秀才:'吴旧姓何如?'"[1] 刘孝标注曰:"秀才,蔡洪也。"[2] 并引《蔡洪集》所载洪《与刺史周俊书》为证。余嘉锡案语辨明其说有据。《隋书·经籍志·集部》载曰:"松滋令《蔡洪集》二卷,录一卷,亡。"[3] 其文有《围棋赋》《斗凫赋》《与刺史周俊书》三种传世,严可均分别据《艺文类聚》和《世说新语》刘孝标注辑入《全晋文》,并于其名下具作者条云:"洪字叔开,吴郡人,仕吴。入晋为州从事。太康中举秀才。元康初为松滋令。有《化清经》十

---

[1] [南朝·宋] 刘义庆撰:《世说新语笺疏》,余嘉锡笺疏,中华书局2007年版,第511页。
[2] [南朝·宋] 刘义庆撰:《世说新语笺疏》,余嘉锡笺疏,中华书局2007年版,第511—512页。
[3] [唐] 魏徵等:《隋书》,中华书局1973年版,第1063页。

卷，集二卷。"[1]《化清经》十卷今佚，存目于《隋书·经籍志·子部》。《与刺史周俊书》赞吴土名士自尊自信之情状，与《世说新语·赏誉》第二十条所云者相契。[2] 另，《晋书·王沈传》有云：

> 王沈字彦伯，高平人也。少有俊才，出于寒素，不能随俗沈浮，为时豪所抑。仕郡文学掾，郁郁不得志，乃作《释时论》。[3]

又云：

---

[1] [清] 严可均：《全上古三代秦汉三国六朝文》，中华书局1958年版，第1927—1928页。

[2] 《世说新语·赏誉》第二十条云："有问秀才：'吴旧姓何如？'答曰：'吴府君圣王之老成，明时之俊义。朱永长理物之至德，清选之高望。严仲弼九皋之鸣鹤，空谷之白驹。顾彦先八音之琴瑟，五色之龙章。张威伯岁寒之茂松，幽夜之逸光。陆士衡、士龙鸿鹄之裴回，悬鼓之待槌。凡此诸君：以洪笔为锄耒，以纸札为良田。以玄默为稼穑，以义理为丰年。以谈论为英华，以忠恕为珍宝。著文章为锦绣，蕴五经为缯帛。坐谦虚为席荐，张义让为帷幕。行仁义为室宇，修道德为广宅。'"（[南朝·宋] 刘义庆撰：《世说新语笺疏》，余嘉锡笺疏，中华书局2007年版，第511—512页。）

[3] [唐] 房玄龄等：《晋书》，中华书局1974年版，第2381页。

元康初，松滋令吴郡蔡洪字叔开，有才名，作《孤奋论》，与《释时》意同，读之者莫不叹息焉。[1]

从中可知，蔡洪归晋后与王沈相类，怀抱难展、心有不甘。

（十一）顾荣

《晋书》有传。顾荣乃吴中四大宗族之顾姓子嗣，与二陆共领吴士入洛之风潮。"八王之乱"时，其所受坎坷危难与二陆相类，初险因司马伦政变失败而被诛，后又以滥酒昏酣为计，兢兢周旋于司马冏帐下，直至晋惠帝迁都长安，方得机会避祸回吴。后来，顾荣在平定陈敏之叛中建功："元帝镇江东，以荣为军司，加散骑常侍，凡所谋画，皆以咨焉。"[2] 于是，

---

[1] [唐] 房玄龄等：《晋书》，中华书局1974年版，第2383页。
[2] [唐] 房玄龄等：《晋书》，中华书局1974年版，第1813页。

他大荐南士，复兴家业，成为吴地士人领袖之一。《隋书·经籍志·集部》载："有骠骑将军《顾荣集》五卷，录一卷，亡。"[1] 其诗文今皆不传。据《晋书·顾荣传》所载，其人卒于西晋永嘉六年（公元312年），司马睿临丧追悼，备极哀荣，赠衔侍中、骠骑将军、开府仪同三司，谥曰"元"。

（十二）周处

《晋书》有传。其云："仕吴为东观左丞。孙皓末，为无难督。"[2] 吴亡之际，周处铿锵回应王浑的刁难，护卫了吴士的尊严，被后世传为佳话。归晋后，他历任新平太守、广汉太守、楚内史、散骑常侍、御史中丞等职，军功吏治皆有政绩。然其刚正不阿的性格得罪了西晋权贵，导致他被设计构陷、战死疆场。纵如此，周处明知身处险境，却从未示弱避趋，慷慨捐躯、马革裹尸之举无愧于豪杰之名。其赴

---

[1] [唐]魏徵等：《隋书》，中华书局1973年版，第1064页。
[2] [唐]房玄龄等：《晋书》，中华书局1974年版，第1570页。

义临行之言，远近赞叹，就义之后，上下追悼。时为魏、蜀、吴归晋士人代表的潘岳、阎缵、贺循三人均为之颂诗作文，足证其品行在西晋士林中受到了充分肯定。更值称道的是，周处之子周玘、周札在东晋建国过程中平乱保土、功勋显赫，可谓继父遗志、重扬英名。

周处亦富文才。《晋书·周处传》载："处著《默语》三十篇及《风土记》，并撰集《吴书》。"[1]其中，《默语》和《吴书》未见流传。《隋书·经籍志·史部》载曰："《风土记》三卷（晋平西将军周处撰）。"[2]《史通·内篇·补注》有云：

> 既而史传小书，人物杂记，若挚虞之《三辅决录》，陈寿之《季汉辅臣》，周处之《阳羡风土》，常璩之《华阳士女》，文言美辞列于章句，

---

[1][唐]房玄龄等：《晋书》，中华书局1974年版，第1571页。
[2][唐]魏徵等：《隋书》，中华书局1973年版，第982页。

委曲叙事存于细书。[1]

可见,《风土记》(《阳羡风土》)有较高的文学价值。该书在流传过程中散佚严重,经过后世一批学者(代表人物如明朝陶宗仪,清朝王谟、章宗源、严可均,民国张国淦、金武祥等)持续的辑补、校刊和考证,最终使部分内容得以修复,集成单册行世。此外,周处还有诗、文各一篇保存至今。诗见《晋书·周处传》,是云:

> 去去世事已,策马观西戎。藜藿甘粱黍,期之克令终。[2]

此为其死战前之绝命诗,辞调高昂不屈。其文名为《奏杀李忽》,乃判案后之奏辞,由严可均据《太

---

[1] [唐]刘知几著:《史通》,[清]浦起龙通释,王煦华整理,上海古籍出版社2009年版,第122页。

[2] [唐]房玄龄等:《晋书》,中华书局1974年版,第1571页。

平御览》注引王隐《晋书》辑入《全晋文》。

（十三）夏靖

《隋书·经籍志·集部》载曰："晋豫章太守《夏靖集》二卷，录一卷。"[1]今佚。夏靖有传世诗一首，名为《答陆士衡诗》，逯钦立据《文馆词林》辑入《晋诗》。其诗虽无系年，观其意似于陆机赴洛之后所作，饱含了对陆机的推崇、赞赏和期许，也不乏对其知遇眷顾之情的感激。

（十四）杨泉

《隋书·经籍志·集部》载曰："晋处士《杨泉集》二卷。"[2]今佚。其文有《五湖赋》《赞善赋》《养性赋》《蚕赋》《织机赋》《草书赋》《请辞》共七种，由严可均据《太平御览》《艺文类聚》《北堂书钞》辑入《全三国文》。当今学者魏明安、赵以武在

---

[1] ［唐］魏徵等：《隋书》，中华书局1973年版，第1063页。
[2] ［唐］魏徵等：《隋书》，中华书局1973年版，第1061页。

专著《傅玄评传》所附之《杨泉评传》中对其生平事迹与著述进行了较为细致的考证,认为:

> 杨泉于晋惠帝继位前后,即公元290年前后,被朝廷征召,离开会稽,北上至洛。他没有任职做官,仍为"处士"、"征士",从事著述。[1]

《杨泉评传》同时指出,在杨泉传世的文学作品中,《请辞》《蚕赋》《织机赋》都显示出了一些与彼时洛阳城市风尚、社会活动相关的内容。

(十五)闵鸿

《晋书·薛兼传》《晋书·纪瞻传》《晋书·陆云传》中皆有其相关事迹。《隋书·经籍志·集部》载曰:"晋征士《闵鸿集》三卷。"[2] 今佚。其文传世

---

[1] 魏明安、赵以武:《傅玄评传》,南京大学出版社2011年版,第376页。
[2] [唐]魏徵等:《隋书》,中华书局1973年版,第1062页。

五种：《亲蚕赋》《琴赋》《羽扇赋》《芙蓉赋》《与刘子雅书》。这五篇文章以吴地特色风物为叙写对象，饱含乡情，富有文采，由严可均据《太平御览》《北堂书钞》《文选》《艺文类聚》《初学记》等辑入《全三国文》。

（十六）华谭

《晋书》有传，以其应答晋武帝策问之事为主。文中有五段华谭关于治吴之策、大一统之道、圣王之政、法令之设、兴国之方的答策问。其言典雅周正、畅辩无碍，传云："时九州秀孝策无逮谭者。"〔1〕太康年间，他应徐州刺史嵇绍（嵇康之子）之荐"举秀才"，临行前答别驾陈总关于士人出处时务之问的一段内容亦载于该传中。从中可见，作为归晋吴士，华谭在西晋颇富才名。然魏晋易代之际并东晋开国后，华谭皆因拙于交际而被权贵排挤，甚至遭受了牢狱之

---

〔1〕［唐］房玄龄等：《晋书》，中华书局1974年版，第1452页。

灾。《晋书》载其晚年情形曰：

> 谭每怀觖望，尝从容言于帝曰："臣已老矣，将待死秘阁。汲黯之言，复存于今。"帝不怿。久之，加散骑常侍，屡以疾辞。及王敦作逆，谭疾甚，不能入省，坐免。卒于家。[1]

又，《隋书·经籍志·集部》载：

> 晋骠骑将军《王虞集》十卷（梁三十四卷，录一卷。又有《华谭集》二卷，亡）。[2]

华谭传世文章共七种：《举秀才对策》《上笺求退》《遗顾荣等书》《移前松滋令袁甫》《对别驾陈总问》《尚书二曹论》《新论》（残句），由严可均据《晋书》《太平御览》《初学记》辑入《全晋文》。其中，

---

[1] [唐]房玄龄等：《晋书》，中华书局1974年版，第1455页。
[2] [唐]魏徵等：《隋书》，中华书局1973年版，第1064页。

除《举秀才对策》一文中有与吴亡入晋之事相关的论说外，其余诸文辞意皆不涉亡国易代。然《对别驾陈总问》一文坦言仕途之难、《遗顾荣等书》叹顾荣诸人明珠暗投之行，从中颇能窥见华谭归晋后的政治态度和人生处境。

（十七）贺循

《晋书》有传，云：

> 循少玩篇籍，善属文，博览众书，尤精礼传。[1]

《隋书·经籍志·集部》载曰："晋司空《贺循集》十八卷。"[2] 其文章传世者共四十余种，由严可均据《通典》《宋书》《晋书》等文献辑入《全晋文》。

贺循传世之文颇多，有表启奏议、政事书论、礼

---

[1] ［唐］房玄龄等：《晋书》，中华书局1974年版，第1830页。
[2] ［唐］魏徵等：《隋书》，中华书局1973年版，第1064页。

制问答等，其内容皆不涉亡国易代之事。观《晋书·贺循传》可知，贺循之出仕乃由陆机举荐。被荐后，"久之，召补太子舍人"[1]，并未受到器重。及至"赵王伦篡位，转侍御史，辞疾去职"[2]。贺循从此避祸江左，又于讨平江夏李辰之叛中立功，更在陈敏之叛中力拒其辟、不豫其事、得全臣节，为一时之望。司马睿为安东将军时，"复上循为吴国内史"[3]，其"迁镇东大将军"[4]后，"以军司顾荣卒，引循代之"[5]。贺循由此成为司马睿器重的大臣之一，虽其一再称疾不起，然声望未损。

司马睿称帝后，对其更加优待：

---

[1]〔唐〕房玄龄等：《晋书》，中华书局1974年版，第1825页。

[2]〔唐〕房玄龄等：《晋书》，中华书局1974年版，第1825页。

[3]〔唐〕房玄龄等：《晋书》，中华书局1974年版，第1826页。

[4]〔唐〕房玄龄等：《晋书》，中华书局1974年版，第1826页。

[5]〔唐〕房玄龄等：《晋书》，中华书局1974年版，第1826页。

> 复以为军咨祭酒。循称疾,敦逼不得已,乃舆疾至。帝亲幸其舟,因咨以政道。循羸疾不拜谒,乃就加朝服,赐第一区,车马床帐衣褥等物。循辞让,一无所受。[1]

可见,贺循德才俱高,已跻身东晋元老之列。"朝廷疑滞皆咨之于循,循辄依经礼而对,为当世儒宗。"[2] 贺循去世后,《晋书》载曰:

> 帝素服举哀,哭之甚恸。赠司空,谥曰穆。将葬,帝又出临其柩,哭之尽哀,遣兼侍御史持节监护。皇太子追送近途,望船流涕。[3]

哀荣之盛,较顾荣亦不遑多让。

---

[1] [唐]房玄龄等:《晋书》,中华书局1974年版,第1827页。
[2] [唐]房玄龄等:《晋书》,中华书局1974年版,第1830页。
[3] [唐]房玄龄等:《晋书》,中华书局1974年版,第1830页。

三

前文通过对 18 位归晋吴士的文学创作状况进行考察，可发现吴籍士人在亡国后虽与蜀汉旧士一样受到西晋门阀势力诸多排挤和打压，人生处于低谷，政治抱负难得施展，但他们的文学创作却并未像蜀汉旧士那样趋于式微，反而在融入西晋文坛后焕发出独特的光彩，甚至贡献出如陆机、陆云那样彪炳千古的文章大家。究其原因，一方面与西晋治吴政策客观上保护了吴地的文化土壤有关；另一方面也与归晋吴士创作心态的变化相关。

司马氏平吴较晚，使江东文坛的承续局面较巴蜀文坛为久。平吴后，晋廷又以"十年"为宥期，缓征吴士入朝，使得留驻故乡的吴地大姓士族得以闭门积学、养蓄休整。此后，吴地代表人物（如陆机、陆云、顾荣等）的入洛出仕实属有备而来，他们不但继承了家风学统，更是有着克振家声、建功立业的抱负。他们在西晋朝廷当中意图以文扬名、因事显才的欲望较巴蜀旧士远为强烈。因此，在流传至今的史籍文献和诗文典册中，关于归晋吴士与晋廷门阀权贵相抗争，努力谋取自身政治权利、维护故国乡邦荣誉的事迹与创作都较巴蜀旧士更加显著。

同时，以18位归晋吴士文学创作为考察范畴，根据他们的仕晋时间、创作数量、对乡邦风土人物的叙写吟咏情况等，还能概括出他们的三种创作心态：

其一，孙皓入洛后，早期仕晋的薛莹、陆喜、周处等孙吴士人虽有爱乡之情却无以文求誉之心，虽不乏著述却未声震文坛，其影响主要在政治功业方面。此时归晋吴士的文学创作并不繁荣，反映出南北方文学之间的某种隔阂。

其二，以郑丰、闵鸿、杨泉为代表的孙吴士人归晋而不出仕，属于陆喜所推崇的沉默静藏、淡泊守志一类人物。他们的乡邦之念常萦于胸，对故乡的人事风物多有牵挂，文学创作显示出了较为鲜明的本土特色，可谓对西晋文坛的一种丰富。然其影响有限，并未成为当时的文学主流。

其三，太康末年，以陆机、陆云、顾荣、张翰、华谭、贺循等为代表的吴地精英大量入洛出仕，并且在朝廷中相互举荐、谋求事功。文学创作成为他们团结乡党、争鸣朝野、广泛结交中原士人的一种自觉行动。此时，归晋吴士的文学创作步入西晋文坛的核心圈层，形成了可观可赞的精彩局面。其后，尽管不断遭遇西晋门阀权贵的排挤，甚至受到"八王之乱"的重创，但归晋吴士的文学创作总体上仍显出积极奋争的不屈精神，成为西晋文坛不可替代的亮色。

将此三类创作心态次第关联，可基本勾勒出归晋吴士创作心态由隐到显、由低落到昂扬的变化轨迹。

总之，归晋吴士的文学创作规模和价值成就既表现出易代过程中南北文学及文化的逐渐融合，也为西晋末期战乱后的"衣冠南渡"（中华文化中心移至江南）奠定了良好基础。而今，检视东晋及南朝文学，感叹魏晋风雅遗脉得以劫后重生、传承壮大、再谱华章，我们不能忽视这些归晋吴士的贡献。

《总论篇》所涉蜀吴易代士人命运简表[1]

1. 蜀汉归晋士人简表

人名	生卒年（公元）	入晋后的人生选择及结局
谯周	201—270	称病不仕，病卒。
郤正	213？—278	归附司马氏，寿终。
王崇	生卒年不详	归附司马氏，寿终。
文立	生年不详—279	归附司马氏，寿终。
李密	224—287	归附司马氏，先隐后仕，寿终。
陈寿	233—297	归附司马氏，病卒。
任熙	生卒年不详	归隐，不仕，寿终。
王长文	238—301	归附司马氏，病卒。
阎缵	251？—309？	归附司马氏，寿终。
常宽	生卒年不详	归附司马氏，寿终。
陈符	生卒年不详	归附司马氏，寿终。
陈莅	生卒年不详	归附司马氏，寿终。
李赐	生卒年不详	归附司马氏，寿终。
李兴	生卒年不详	归附司马氏，寿终。

---

〔1〕 二表列录之士人生卒年情况皆先从《中国文学家大辞典·先秦汉魏晋南北朝卷》（曹道衡、沈玉成编撰，中华书局1996年版）中所载，该著未载者，则从胡阿祥《魏晋本土文学地理研究》（南京大学出版社2001年版）一书中所载。两书皆未载者（如薛兼、王长文、周玘等），则依《晋书》《华阳国志》等史籍之记录以及后世学者（如任乃强等）校注之推断。

2. 孙吴归晋士人简表

人名	生卒年（公元）	入晋后的人生选择及结局
薛莹	生年不详—282	归附司马氏，寿终。
陆喜	生年不详—284	归附司马氏，寿终。
郑丰	生卒年不详	归隐，不仕，寿终。
周处	238—297	归附司马氏，抵御外族入侵时殉国。
盛彦	生卒年不详	归附司马氏，寿终。
褚陶	生卒年不详	归附司马氏，寿终。
杨泉	生卒年不详	归隐，不仕，寿终。
陶浚	生卒年不详	归附司马氏，寿终。
闵鸿	生卒年不详	归隐，不仕，寿终。
纪瞻	253—324	归附司马氏，寿终。
陆机	261—303	归附司马氏，"八王之乱"时获罪被杀，夷三族。
陆云	262—303	归附司马氏，"八王之乱"时获罪被杀，夷三族。
孙拯(丞)	生年不详—303	归附司马氏，"八王之乱"时获罪被杀。
张翰	生卒年不详	归附司马氏，先仕后隐。
刘颂	245？—300	归附司马氏，寿终。
殷巨	生卒年不详	归附司马氏，寿终。
蔡洪	生卒年不详	归附司马氏，寿终。
顾荣	生年不详—312	归附司马氏，寿终。
吴商	生卒年不详	归附司马氏，寿终。

续表

人名	生卒年（公元）	入晋后的人生选择及结局
夏靖	生卒年不详	归附司马氏，寿终。
华谭	255—322	归附司马氏，寿终。
薛兼	生年不详—322	归附司马氏，寿终。
贺循	260—319	归附司马氏，寿终。
吾彦	生卒年不详	归附司马氏，寿终。
胡冲	生卒年不详	归附司马氏，寿终。
周玘	258—313	归附司马氏，病卒。
周札	生年不详—324	归附司马氏，卒于东晋王敦之乱。

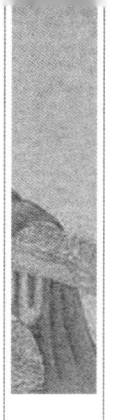

专论篇

"谯周劝降"再评价

《三国志·蜀书·谯周传》载蜀景耀六年（公元263年）事曰：

> 冬，魏大将军邓艾克江由，长驱而前。而蜀本谓敌不便至，不作城守调度，及闻艾已入阴平，百姓扰扰，皆迸山野，不可禁制。后主使群臣会议，计无所出。或以为蜀之与吴，本为和国，宜可奔吴；或以为南中七郡，阻险斗绝，易以自守，宜可奔南。惟周以为："自古已来，无寄他国为天子者也，今若入吴，固当臣服。且政

理不殊，则大能吞小，此数之自然也。由此言之，则魏能并吴，吴不能并魏明矣。等为小称臣，孰与为大？再辱之耻，何与一辱？且若欲奔南，则当早为之计，然后可果；今大敌以近，祸败将及，群小之心，无一可保，恐发足之日，其变不测，何至南之有乎！"群臣或难周曰："今艾以不远，恐不受降，如之何？"周曰："方今东吴未宾，事势不得不受，受之之后，不得不礼。若陛下降魏，魏不裂土以封陛下者，周请身诣京都，以古义争之。"众人无以易周之理。[1]

此后，谯周见蜀后主刘禅还在犹豫是否要南逃，便再次上疏道：

> 或说陛下以北兵深入，有欲适南之计，臣愚以为不安。何者？南方远夷之地，平常无所供

---

[1]〔西晋〕陈寿：《三国志》，中华书局1959年版，第1030页。

为，犹数反叛，自丞相亮南征，兵势逼之，穷乃幸从。是后供出官赋，取以给兵，以为愁怨，此患国之人也。今以穷迫，欲往依恃，恐必复反叛，一也。北兵之来，非但取蜀而已，若奔南方，必因人势衰，及时赴追，二也。若至南方，外当拒敌，内供服御，费用张广，他无所取，耗损诸夷必甚，甚必速叛，三也。昔王郎以邯郸僭号，时世祖在信都，畏逼王郎，欲弃还关中。邳彤谏曰："明公西还，则邯郸城民不肯捐父母，背城主，而千里送公，其亡叛可必也。"世祖从之，遂破邯郸。今北兵至，陛下南行，诚恐邳彤之言复信于今，四也。愿陛下早为之图，可获爵土；若遂适南，势穷乃服，其祸必深。《易》曰："亢之为言，知得而不知丧，知存而不知亡；知得失存亡而不失其正者，其惟圣人乎！"言圣人知命而不苟必也。故尧、舜以子不善，知天有授，而求授人；子虽不肖，祸尚未萌，而迎授与人，况祸以至乎！故微子以殷王之昆，面缚衔璧而归武王,岂所乐哉,不得已也。[1]

闻罢,刘禅"遂从周策"[2]。

上述记载即为后世评价"谯周劝降"所依据的主要文献。

一

对于"谯周劝降"一事,后世具有代表性的评价大体有政治斗争说、道德是非说、军事成败说、文化心理说四种。这四种说法有不同的价值立场和分析角度,各自得出的结论均值得进一步审思。

(一) 政治斗争说

以王仲荦为代表的当代史家认为"谯周劝降"是

---

[1] [西晋]陈寿:《三国志》,中华书局1959年版,第1030—1031页。
[2] [西晋]陈寿:《三国志》,中华书局1959年版,第1031页。

益州土著势力集团与荆楚等外来势力集团相斗争的一种反映。[1] 劝降成功是斗争胜利的结果。该说立言有据,但结论略有偏颇。就集团势力而言,以荆楚士人为主力的蜀汉统治阶层虽是客居,然经营有日、掌权有术;益州士人虽为土著,然惯于偏安、时遭遏抑,直至名相费祎去世后,其在政治斗争中才明显占据上风。[2] 并且,益州本土势力对朝政的影响远不及曹魏、孙吴政权中累世公卿的大族门阀。举国存亡之际,若双方因利益各异而通过拼较实力的方式决定取舍,则受降与否的抉择就会作为重大问题转交至蜀后主刘禅手中。刘禅若如孙权在赤壁之战前那般坚持不屈之心,甚至竖起汉贼不两立的大旗来,群臣恐也难有异议。但是由于刘禅素乏帅略、性格软弱,犹豫只在降逃之间,无死战之意,朝中士情便更趋向于投降了。

---

[1] 参见王仲荦:《魏晋南北朝史》(中华书局 2007 年版)第一章第三节《蜀汉的兴起于衰亡》中"蜀汉的衰亡"部分内容。
[2] 黄昊:《蜀汉荆州集团与益州集团》,安徽大学 2011 年硕士学位论文,第 35 页。

谯周是蜀中大儒,名高德劭,并不热衷权位利禄[1],其彼时虽居光禄大夫之职,却位尊无权——"不与政事,以儒行见礼。"[2]商讨国家存亡大事之际,谯周以真实想法进谏,乃是恪尽臣责,对其话语权不宜估计过高,但将之视为蜀中本土士族的代言者亦无不可。谯周地方大姓的出身及其所具声望,使之必然被拖入朝中派系的斗争,何况谯周向来秉持的保土安邦的政治观念与巴蜀本土士人维护自身利益的意图基本一致。[3]这种政治观念在他为讽谏蜀汉对外征伐而作的《仇国论》一文中表露无遗。该文以因余、肇建二国喻蜀、魏,与诸葛亮的《隆中对》《出师表》相比较,可见谯周、诸葛亮二人对时势的分析

---

[1] 谯周殁后,《晋阳秋》载晋武帝司马炎诏曰:"朕甚悼之,赐朝服一具,衣一袭,钱十五万。"谯周长子谯熙上言转达了谯周的临终遗嘱,是云:"久抱疾,未曾朝见,若国恩赐朝服衣物者,勿以加身。当还旧墓,道险行难,预作轻棺。殡敛已毕,上还所赐。"([西晋]陈寿:《三国志》,中华书局1959年版,第1033页。)

[2] [西晋]陈寿:《三国志》,中华书局1959年版,第1030页。

[3] 参见李兆成:《蜀汉政权与益州士族》,《四川文物》2002年第6期。

相似，协调内政、稳固民本的治国主张亦属一类。其中主要的区别则在于诸葛亮蒙刘备知遇之恩，受托孤之责，遂苦心孤诣、慷慨陈词，而谯周意在偏安求全，不愿争雄逐鹿、劳民伤财。

今有论者认为：

> 地域集团的利益不是谯周所考虑的，对于统一和安定的渴望，对于人民疾苦的切实关注，才是谯周劝降的根本动因。[1]

该判断努力为谯周揭去朝廷派系（地域势力集团）斗争施加在其"劝降"事件上的阴影，显然是更符合谯周一贯政治主张的。

（二）道德是非说

以东晋孙绰、孙盛以及明清之际王夫之为代表的古代史家均认为，谯周卖国失节，其"劝降"乃私心

---

[1] 刘蓉：《汉魏名士研究》，中华书局2009年版，第123页。

求全、偷生苟利之举。[1]然视谯周之德行、学问，当世即有称誉，后世亦有传扬。[2]复观《三国志·蜀书·谯周传》所载其言论、文章，皆辨势明理、思虑内外、情辞恳切。所以，就当时情形而论，谯周若欲明哲保身，实不宜多言，而其力主求全，无疑是很需要勇气的。再者，谯周曾因直谏省游观、减声乐事而为刘禅不悦，见疏遭徙；劝降之言中又以尧、舜禅让和微子归周故事暗喻蜀魏之间的天命所在——与其在蜀景耀五年间所书的谶语所示一致[3]，若有奸宦借机谗害，实不乏凶险。是故，裴松之注曰：

---

[1] 参见王强：《蜀汉史家谯周的形象变迁》，《廊坊师范学院学报》（社会科学版）2013年第2期。

[2] 《三国志·蜀书·谯周传》注引《益部耆旧传》曰："益州刺史董荣图画周像于州学，命从事李通颂之曰：'抑抑谯侯，好古述儒，宝道怀真，鉴世盈虚，雅名美迹，终始是书。我后钦贤，无言不誉，攀诸前哲，丹青是图。嗟尔来叶，鉴兹显模。'"（［西晋］陈寿：《三国志》，中华书局1959年版，第1033页。）

[3] 《三国志·蜀书·杜琼传》载曰："后宫人黄皓弄权于内，景耀五年，宫中大树无故自折，周深忧之，无所与言，乃书柱曰：'众而大，期之会，具而授，若何复？'言曹者众也，魏者大也，众而大，天下其当会也，具而授，如何复有立者乎？蜀既亡，咸以周言为验。"（［西晋］陈寿：《三国志》，中华书局1959年版，第1022页。）

张璠以为谯周所陈降魏之策，盖素料刘禅懦弱，心无害戾，故得行也。如遇忿肆之人，虽无他算，然矜殉鄙耻，或发怒妄诛，以立一时之威，快其斯须之意者，此亦夷灭之祸云。[1]

蜀先主刘备世称明主，就曾因类似事件怒斩张裕。[2] 由此，审视孙绰所谓：

谯周说后主降魏，可乎？曰：自为天子而乞降请命，何耻之深乎！夫为社稷死则死之，为社稷亡则亡之。先君正魏之篡，不与同天矣。推过于其父，俯首而事仇，可谓苟存，岂大居正之

---

[1] [西晋] 陈寿：《三国志》，中华书局1959年版，第1042页。
[2] 《三国志·蜀书·张裕传》载："裕又私语人曰：'岁在庚子，天下当易代，刘氏祚尽矣。主公得益州，九年之后，寅卯之间当失之。'人密白其言。……先主常衔其不逊，加忿其漏言，乃显裕谏争汉中不验，下狱，将诛之。诸葛亮表请其罪，先主答曰：'芳兰生门，不得不锄。'裕遂弃市。"（[西晋] 陈寿：《三国志》，中华书局1959年版，第1021页。）

道哉！[1]

当知其言固是对君臣纲常的坚守，亦是有感于家国历经丧乱、被迫偏安江东的愤激之辞。

而王夫之暮年所谓：

> 人知冯道之恶，而不知谯周之为尤恶也。道，鄙夫也，国已破，君已易，贪生惜利禄，弗获已而数易其心。而周异是，国尚可存，君尚立乎其位，为异说以解散人心，而后终之以降，处心积虑，唯恐刘宗之不灭，憯矣哉！读周《仇国论》而不恨焉者，非人臣也。[2]

这更是由于亡国之痛而不顾史实，肆意指骂了。

---

[1]［西晋］陈寿：《三国志》，中华书局1959年版，第1031页。

[2]［清］王夫之：《读通鉴论》，中华书局1975年版，第767页。

（三）军事成败说

谯周主张降魏并建议刘禅放弃南逃的计划。他认为向南奔逃的机会已经失掉了，若逃，则必遭曹魏追剿，遇剿即须迎战，战则凶多吉少，不如直接投降。对此，东晋史家孙盛评曰：

> 春秋之义，国君死社稷，卿大夫死位，况称天子而可辱于人乎！周谓万乘之君偷生苟免，亏礼希利，要冀微荣，惑矣。且以事势言之，理有未尽。何者？禅虽庸主，实无桀、纣之酷，战虽屡北，未有土崩之乱，纵不能君臣固守，背城借一，自可退次东鄙以思后图。是时罗宪以重兵据白帝，霍弋以强卒镇夜郎。蜀土险狭，山水峻隔，绝巘激湍，非步卒所涉。若悉取舟楫，保据江州，征兵南中，乞师东国，如此则姜、廖五将自然云从，吴之三师承命电赴，何投寄之无所而虑于必亡邪？魏师之来，褰国大举，欲追则舟楫靡资，欲留则师老多虞。且屈伸有会，情势代

起，徐因思奋之民，以攻骄惰之卒，此越王所以败阖闾，田单所以摧骑劫也，何为匆匆遽自囚虏，下坚壁于敌人，致斫石之至恨哉?[1]

此说以后来者的眼光，重审前朝战势，做出了若力战不屈必可化险为夷的判断，认为"谯周劝降"不仅是一场道德沦陷，更是一次军事决策的失败。但这些看法几乎都是纸上谈兵。正如当今研究者所言：

既然孙盛也承认刘禅为庸主，只是还没有流于残暴而已，又何能调度军机，背城借一呢？而孙盛为之调兵之论更属空幻，白帝、夜郎撤兵驰援且不说尚需时日，而东、南门户洞开，其情更危殆。至于东吴"三师承命电赴"更是幻想。[2]

---

[1] ［西晋］陈寿：《三国志》，中华书局1959年版，第1031－1032页。

[2] 王定璋：《谯周与陈寿》，《西华大学学报》（哲学社会科学版）2005年第1期，第18页。

当时，蜀汉朝中并无能臣骁将堪主军事[1]，而邓艾精兵近万，士气正旺，距成都不过二百里之遥。成都地势平坦、无险可恃，面对猛扑而来的魏军，蜀汉朝廷若仓促集结军队，其抵抗力无疑十分有限。所以，背城一战如同死路。相比之下，奔逃南中倒是除投降外最具可行性的选择。这不仅能从刘禅当初"犹疑于入南"[2]的表现中窥见，也可由此推断，彼时的蜀汉朝堂之上，除了战、降两派的争议外，应当还有不少主逃的声音。

在阻止举国南逃的谏言中，谯周的理由主要有四点：一是对南中民情、政情的怀疑；二是对魏军大举追剿的忧惧；三是对朝廷驻扎南中后治理乏力的预测；四是对蜀中无主之后陷于内乱的惶恐。这四种理由在其疏奏中环环相扣、论证有力，故被刘禅采信。今有研究者在查考史料后认为谯周对南中政局判断失

---

[1] 其时，姜维、廖化在剑阁抵御钟会大军，柳隐、蒋斌、王含诸将在汉中坚守，郫县令常勖固城拒敌，霍弋镇守南中，罗宪镇守巴东，皆不能赶赴成都增援。
[2] [西晋]陈寿：《三国志》，中华书局1959年版，第1030页。

误,尤其错在主观臆断南中民情,否定了蜀汉政权在南中卓有成效的经营。[1] 其论述虽不乏依据,但凭此认定谯周故意制造"南逃必亡"论,旨在促使刘禅投降以维护益州本土士人私利,则结论未免草率。

延熙九年(公元246年)董允去世后,蜀汉内部陈祗与黄皓相互勾结、把持朝政、媚上弄权,导致内弊日积;姜维连年出兵,使国本亏耗巨大。据王仲荦先生的计算,当时全蜀"平均九个人负担一个'战士',七家民户养活一个'吏'"[2]。《三国志·吴书·薛综传》附《薛珝传》注引《汉晋春秋》曰:

> 孙休时,珝为五官中郎将,遣至蜀求马。及还,休问蜀政得失,对曰:"主暗而不知其过,

---

[1] 参见彭丰文:《论蜀汉南中政策与南中民族关系——从谯周反对"南逃"论说起》,《首都师范大学学报》(社会科学版)2009年第4期。

[2] 王仲荦:《魏晋南北朝史》,中华书局2007年版,第96页。王仲荦的测算依据源自《三国志·蜀书·后主传》注引王隐《蜀记》提及的刘禅投降后遣尚书李虎呈送给邓艾的蜀士民簿所载,是云"领户二十八万,男女口九十四万"和"带甲将士十万二千,吏四万人"。([西晋]陈寿:《三国志》,中华书局1959年版,第901页。)

臣下容身以求免罪，入其朝不闻正言，经其野民皆菜色。臣闻燕雀处堂，子母相乐，自以为安也，突决栋焚，而燕雀怡然不知祸之将及，其是之谓乎！"[1]

如此疲颓之朝廷，如此倦怠之君主，即便能够顺利带领军队撤入南中，又即便能够有安稳之地、勤良之吏可供一时周旋，然久居偏隅之地，财物难继，日久必然成患。且朝廷南奔，都城陷落，民情崩溃，余处守军亦将不振。若魏军乘胜大举追缴，蜀中多地必受兵燹之害。于兹可见，谯周不同意南逃，主要是考虑到战必致败亡、逃必成残寇、百姓受难尤重的状况，唯有主动归降才是将损失降到最小的自保之策。在邓艾率军不日可至之际，面对朝堂上的争议，谯周急情切谏，虽难免有思虑不及之处，但其对军情与国运的分析依然体现出了难得的理性洞察。

---

〔1〕［西晋］陈寿：《三国志》，中华书局1959年版，第1255页。

(四) 文化心理说

学者刘蓉在其专著《汉魏名士研究》中从文化视角切入,较详细地分析了谯周的历史观,阐明了其适宜担当劝降重任的思想基础和心理动机。[1] 文章指出,谯周历史观的重要构成不仅在于天下分合有数的天命观,更在于国运盛衰有因的人事观。正如谯周在奉劝刘禅省游观、减声乐的谏疏中有云:

> 昔王莽之败,豪杰并起,跨州据郡,欲弄神器,于是贤才智士思望所归,未必以其势之广狭,惟其德之薄厚也。是故于时更始、公孙述及诸有大众者多已广大,然莫不快情恣欲,怠于为善,游猎饮食,不恤民物。世祖初入河北,冯异等劝之曰:"当行人所不能为。"遂务理冤狱,节俭饮食,动遵法度,故北州歌叹,声布四远。于

---

[1] 参见刘蓉《汉魏名士研究》(中华书局 2009 年版)第二章第二节《谯周劝降与汉魏之际地域观念的转变》中的相关论述。

是邓禹自南阳追之,吴汉、寇恂未识世祖,遥闻德行,遂以权计举渔阳、上谷突骑迎于广阿。其余望风慕德者邳彤、耿纯、刘植之徒,至于舆病赍棺,襁负而至者,不可胜数,故能以弱为强,屠王郎,吞铜马,折赤眉而成帝业也。及在洛阳,尝欲小出,车驾已御,铫期谏曰:"天下未宁,臣诚不愿陛下细行数出。"即时还车。……故非急务,欲小出不敢,至于急务,欲自安不为,故帝者之欲善也如此! 故《传》曰"百姓不徒附",诚以德先之也。今汉遭厄运,天下三分,雄哲之士思望之时也。[1]

这与《仇国论》的核心思想相一致,即:国之兴者,在于明君良吏、百姓拥戴;国之亡者,在于庸君污吏、民心散漫。司马昭伐蜀之际,正值其政权方兴,国内人才济济。但蜀汉却已显颓势,朝中俊彦寥

---

[1] [西晋]陈寿:《三国志》,中华书局1959年版,第1027-1028页。

寥。斟酌内外形势可知,蜀汉败亡乃早晚之事。既如此,莫若择机应命,避免刀兵之灾泛滥。为人臣者,适时劝降,虽失名节,却不丧大道;为人君者,适时投诚,虽沦王土,但救民保身。谯周执着于劝降之心理或正如此。

由于刘蓉并未论及上述奏疏中所涉之西汉末公孙述故事,兹可略做补充。公孙述本为西汉末之能吏,官至导江卒正(蜀郡太守),趁王莽之乱起事,于建武元年(公元25年)春在西蜀建立政权,国号"成家",定都成都。建武十年(公元34年)冬,刘秀率大军伐蜀,双方苦战近两年,蜀中生灵涂炭,成家政权垮台。汉军进入成都后,连日屠城、惨不忍睹,刘秀不禁怒骂道:

>   城降三日,吏人从服,孩儿老母,口以万数,一旦放兵纵火,闻之可为酸鼻!尚宗室子孙,尝更吏职,何忍行此?仰视天,俯视地,观

放麑啜羹，二者孰仁？良失斩将吊人之义也！[1]

两军交战期间，刘秀屡劝公孙述投降，公孙述誓不从，终至国灭、城丧、家亡、身死，骂名不绝于后。其为一姓之欲，陷万家于水火。此独夫酷行，为天下所不齿。谯周深明史鉴，劝刘禅降魏，免蹈公孙氏之覆辙，显然宁愿后主仿效刘琮献荆州于曹操或刘璋献都于刘备的先例，做个识时务的统治者。[2]

可顺带指出的是，刘蓉将"谯周劝降"与赤壁之战前东吴"张昭劝降"一事相类比，有忽略二者所处的不同历史形势（政治、军事、地理环境状况等）之嫌。概言之，二者可比拟处在于两人的劝降之举均出自公心，于道德上无可厚非。二者不可比拟处在于"谯周劝降"多依据客观事理，于国事决策举足轻重，

---

〔1〕［南朝·宋］范晔：《后汉书》，中华书局1965年版，第543页。
〔2〕参见罗开玉：《东汉灭成家、屠成都与刘禅不战而降》，《襄樊学院学报》2011年第10期。

"张昭劝降"多出自主观设想，于国事决策委实少益。[1]

后来的事实也证明刘禅主动降魏是理智之举。无论是在出示降书之后还是在出城受降之时，邓艾都给予了刘禅充分的礼遇。[2]刘禅家族和一些蜀汉旧臣入洛后，司马氏政权也给予了他们相当的优抚。最重要的是，蜀汉全域基本免于战祸，百姓得享一时平安。所以，即便刘禅千年之后被人嘲讽为"扶不起的阿斗"，但大多数西蜀（尤其是成都）百姓一直对他心存感激，并为之颇具规模地建祠塑像，颂其善迹，这些都成了如今为之正名的重要证据之一。再观"谯周劝降"，此事虽然在历史上频遭非议，但谯周顺应

---

[1] 参见郑欣《三国史短论》（收入《魏晋南北朝史探索》，山东大学出版社2009年版）中《张昭为何主降》一节的相关论述。

[2] 《三国志·蜀书·后主传》注引王隐《蜀记》曰："艾报书云：'……隗嚣凭陇而亡，公孙述据蜀而灭，此皆前世覆车之鉴也。圣上明哲，宰相忠贤，将比隆黄轩，侔功往代。衔命来征，思闻嘉响，果烦来使，告以德音，此非人事，岂天启哉！昔微子归周，实为上宾，君子豹变，义存大易，来辞谦冲，以礼舆榇，皆前哲归命之典也。全国为上，破国次之，自非通明智达，何以见王者之义乎！'"（[西晋]陈寿：《三国志》，中华书局1959年版，第901页。）

时势、保境安民、促进华夏疆域复归统一的功劳不可否认。身为谯周弟子的陈寿在《三国志·蜀书·谯周传》末评曰:"刘氏无虞,一邦蒙赖,周之谋也。"[1]其言确非为尊者讳。

"谯周劝降"可谓凸显魏晋易代士人心态丰富性的一个典型案例,须从政治、军事、伦理道德、文化心理诸方面通考其来龙去脉,所得评价方能较为公道。总的说来,谯周劝降之举乃是本于其既有之历史观,在冷静审度了蜀汉政权当时面临的内外局势后献出的趋利避害之策。对蜀汉政权内部各派势力之争,谯周本人虽不热衷,但身世与职位使其不得不成为其中重要角色之一。作为蜀中大儒,谯周重德笃学、简朴终老,虽有大功于司马氏政权,却从未借此求荣。谯周并非不明白劝降之举将长留骂名于后世,但为巴蜀百姓的安危着想,他没有顾惜身后的毁誉。其言凿凿,其行昭昭,让人感动。

---

[1] [西晋]陈寿:《三国志》,中华书局1959年版,第1031页。

李密《陈情表》别议

李密的仕途并不显赫,虽有堪称贤良方正的言行,却无重大政绩。作为蜀中大儒谯周的高徒,《华阳国志·后贤志·李密传》中称其:

> 治《春秋左传》,博览五经,多所通涉。机警辨捷,辞义响起。[1]

---

[1] [东晋]常璩撰:《华阳国志校补图注》,任乃强校补图注,上海古籍出版社1987年版,第637页。

《晋书·李密传》中亦云："周门人方之游、夏。"[1]可惜，李密的著述基本没流传下来。他之所以能名垂后世，主要还是因为《陈情表》带来的盛誉。

一

南朝梁昭明太子萧统主编《文选》，所录蜀汉士人文章仅两篇：前蜀诸葛亮之《出师表》，后蜀李密之《陈情表》。此后，历代文章选本多将《陈情表》奉为上品，赞叹不绝。南宋诗僧惠洪《冷斋夜话》卷三记北宋学者李格非（李清照之父）语云：

> 诸葛孔明《出师表》，刘伶《酒德颂》，陶渊明《归去来辞》，李令伯《陈情表》，皆沛然从肺腑中流出，殊不见斧凿痕。是数君子，在后汉之

---

[1] [唐]房玄龄等：《晋书》，中华书局1974年版，第2274页。

末，两晋之间，初未尝以文章名世，而其意超迈如此。吾是知文章以气为主，气以诚为主。[1]

南宋学者赵与时《宾退录》卷九引青城山隐士安子顺语云：

> 读诸葛孔明《出师表》而不堕泪者，其人必不忠；读李令伯《陈情表》而不堕泪者，其人必不孝；读韩退之《祭十二郎文》而不堕泪者，其人必不友。[2]

元代学者陶宗仪《南村辍耕录》卷九《文章宗旨》有云：

> 西晋之文，渊明《归去来辞》，李令伯《陈

---

[1] [宋]惠洪撰：《冷斋夜话》，陈新点校，中华书局1988年版，第26页。
[2] [宋]赵与时撰：《宾退录》，傅成校点，上海古籍出版社2012年版，第89页。

情表》，王逸少《兰亭序[1]》而已。[2]

这些都是极具代表性的历史评价。

《晋书》中，李密的事迹未归入以文见称的《文苑传》，而是被置于《孝友传》中，且位居传首。然检视《晋书·孝友传》中盛彦、夏方、许孜等人事迹，却见他们虔心奉孝的程度较李密不遑多让，甚至犹有过之，想来李密排位之高不乏因人因文显之故。

李密在《陈情表》中主要述说了自己为奉养年迈祖母而未遵皇命的苦衷，后世普通读者多念其道德、赞其文辞，较少关注其人其文所关联的历史政治问题。而由《陈情表》所用文体可知，作为上奏公文，该表自具政治属性。从表文内容又可知，《陈情表》名曰"陈情"，实为"复诏"。因此，若脱离具体的历史政治语境而评议该文，难免以文害辞、以辞害志，容易造成囿于李密之私事、私情、私德和个人文学才

---

[1] 序：原文做"叙"，今径改。
[2] ［元］陶宗仪撰：《南村辍耕录》，李梦生校点，上海古籍出版社2012年版，第99页。

能的种种偏见。如是反观李格非、安子顺、陶宗仪等广为流传的评语及类似看法,皆不太妥帖,应予以必要的辨析和澄清。

二

创作《陈情表》注定是一个心绪难宁的过程。此前,李密已两次拒绝了西晋大臣的荐职,甚至在"诏书特下"[1]之际仍"具以表闻,辞不就职"[2]。这不仅显得不识朝廷抬举,在晋武帝司马炎看来,更似在对抗其收罗蜀中名士、归化蜀地民心的统治政策。于是,诏书又发。皇威震慑之下,李密方才感到事态严重,正如《陈情表》所云:

> 诏书切峻,责臣逋慢。郡县逼迫,催臣上

---

[1] [南朝·梁] 萧统:《文选》,上海古籍出版社1986年版,第1694页。
[2] [南朝·梁] 萧统:《文选》,上海古籍出版社1986年版,第1695页。

道，州司临门，急于星火。臣欲奉诏奔驰，则刘病日笃；欲苟顺私情，则告诉不许。臣之进退，实为狼狈。〔1〕

李密第一次复诏的表文已无从考证，但想必个中内容的确令晋武帝不满，并直接造成了李密难堪的处境。这一处境既包含着政治抉择的困局，更潜藏着应对不当可能导致的人生风险。为此，李密的纾困之举是再次上表陈情。这就又预设了《陈情表》富于政治功利性的写作目的，使得《陈情表》中的言、事、情、理等内容不得不受此约束。同时，无论《陈情表》最终的成效如何，"陈情"行为本身仍无言地宣示着李密对出仕的拒绝。加之其写作《陈情表》前一再拒绝出仕的行为（"欲苟顺私情，则告诉不许"），这些都不免被怀疑是出于对西晋政权及统治者的不信任。

---

〔1〕［南朝·梁］萧统：《文选》，上海古籍出版社1986年版，第1695页。

按常理推断，李密首次上呈的表文中应含有向朝廷做"自我澄清"和请求体谅的意图。只可惜，那次的表文未能获悦于君。所以，当其决定再度陈情之际，"面临的最大难题，不在其心态的调适，而在于如何取信于新朝"[1]。这样的做法较之直接遵诏赴命，更多了潜在的政治风险。不过，把握消弭成见和赢得谅解的主动权也许是一次风险之内的机遇。或许在外人看来，由此达成理想结局的可能性并不大，但李密还是做出了孤注一掷般的尝试。

有研究者将《陈情表》视作一个特殊的"语言博弈"场域，并较详细地解读了此场域中作者李密与读者晋武帝的心理博弈过程。[2]但即便是在此"语言博弈"场域未形成前，李密也不难想见自己的"博弈之举"可能造成的三种结果：一是失败，再次让皇帝不满，事后施以惩罚；二是和解，皇帝默许，既往不

---

[1] 张海明：《李密〈陈情表〉别解》，《求是学刊》2009年第5期，第100页。

[2] 参见李德虎：《对李密〈陈情表〉的博弈分析》，《贵州工程应用技术学院学报》2016年第6期。

咎，事态暂停；三是成功，皇帝表示认可，恢复君臣信任。但自古君心难测，又逢魏晋易代之际的复杂政局，读者晋武帝貌似被动，实操杀伐决断之权；作者李密貌似主动，却是置身刀俎的鱼肉。此情境下，李密敢于一搏，已是很有勇气了。

《陈情表》乃是一步险棋，不能力挽颓势，则易陷入深渊。勇气之外，李密唯一能依靠的就是自己的心思与笔力。其心既入君臣博弈之局内，笔墨必难逾求信取悦之藩篱。于是，文章岂能"沛然从肺腑中流出"？李格非仅从《陈情表》"殊不见斧凿痕"的表象出发，以之标举北宋所推崇的自然率真的审美风尚，看似潇洒赞叹，实为轻忽误导。且李格非与陶宗仪将《陈情表》与《酒德颂》《归去来辞》《兰亭序》置之同列，无论就文体、文风还是文章具体创作情境而言，都使《陈情表》显得格格不入。简言之，《酒德颂》《归去来辞》《兰亭序》三者皆"私书"，能够乘兴挥墨、自在不拘，而《陈情表》却注定要愁肠百转、字斟句酌。

在《陈情表》获御览之前，李密的孝行并未引起

晋武帝的重视。其文有云:

> 前太守臣逵察臣孝廉,后刺史臣荣举臣秀才。臣以供养无主,辞不赴命。[1]

可见,李密曾将孝奉祖母作为拒绝出仕的原因上报给了朝廷官员。据此,在初接诏命后,李密也极可能在上表复诏时重申该事由。那么,基于相同的事实与情感,为何晋武帝会从览阅首次表文后的不满("责臣逋慢")变为审读《陈情表》后的表彰("嘉其诚款")呢?司马炎之所虑未见于史,个中曲折便只能从《陈情表》之文辞中细加思索了。

三

《陈情表》正文开篇百余字是其内容的第一层次。

---

〔1〕[南朝·梁]萧统:《文选》,上海古籍出版社1986年版,第1694页。

李密在此并未重申其难以奉诏的理由，也未急于就其惹恼朝廷的行为致歉，而重在倾吐自己"夙遭闵凶"[1]的坎坷身世——时间横跨了"六月""四岁""九岁""成立"直至陈情之时五个人生阶段，扼要且鲜明地绘出了一副寒门士子"茕茕独立，形影相吊"[2]的悲苦模样。其中，"祖母刘悯臣孤弱，躬见抚养"[3]是唯一插入的旧日温暖。收梢则在当前境况——"刘夙婴疾病，常在床蓐，臣侍汤药，未曾废离。"[4]行文一气呵成，情感悄然流淌，除引人恻隐之外，看似并无他意。但略加探究，《陈情表》中潜在的伦理基石"报"和"孝"便会浮出水面。在儒家伦理体系中，二者之间的关系正如史学家杨联陞指出的那样，交互报偿原则是对家族系统的强化，"孝道

---

[1]［南朝·梁］萧统：《文选》，上海古籍出版社1986年版，第1694页。
[2]［南朝·梁］萧统：《文选》，上海古籍出版社1986年版，第1694页。
[3]［南朝·梁］萧统：《文选》，上海古籍出版社1986年版，第1694页。
[4]［南朝·梁］萧统：《文选》，上海古籍出版社1986年版，第1694页。

即是还报原则最恰当的说明"[1]。

与此同时,李密还用朴素的事实为自己的违诏之举"正名"。而这种"正名"乃是儒家伦理学说的逻辑起点和价值根源。恰如冯友兰所言:

> 在社会关系中,每一个名字包含有一定的社会责任和义务。君、臣、父、子,在社会里,各有责任和义务,任何人有其名,就应当完成其责任和义务。这便是孔子主张"正名"的意义。[2]

由是,祖母刘氏的躬亲抚养和李密的反哺侍奉无不理所应当,其伦理合法性不言自明。且因"生孩六月,慈父见背;行年四岁,舅夺母志"[3]这一特殊情况,李密与刘氏的祖孙之情实同亲(父母)子之

---

[1] 杨联陞:《中国文化中的"报""保""包"之意义》,中华书局2016年版,第69页。
[2] 冯友兰:《中国哲学简史》,赵复三译,北京联合出版公司2017年版,第28页。
[3] [南朝·梁]萧统:《文选》,上海古籍出版社1986年版,第1694页。

情。李密违诏虽该论罪，但在其与上述根源性的儒家伦理原则相抵牾之际，若执意问罪，朝廷确乎难免有"苛责"之嫌了。

四

名正则言顺。有赖开篇的精心铺垫，当李密用"逮奉圣朝，沐浴清化"[1]一语将笔触切入其面临的难题时，竟能使人从俗套的过渡中读出些许微妙的意味。自孟子以来，儒家学说在政治上崇尚"内圣外王"之道——"国家是一种道德体制，国家的领袖也应当是社会的道德领袖。"[2]作为出身于儒家豪族的统治者，司马炎若要使自己主政的时代符合"圣朝"之名，就务必建立世人共享的"清化"之功。对此，李密不仅十分肯定地点出了自己在"圣朝""沐浴清

---

[1] [南朝·梁]萧统：《文选》，上海古籍出版社1986年版，第1694页。

[2] 冯友兰：《中国哲学简史》，赵复三译，北京联合出版公司2017年版，第28页。

化"的切身感受，也列出了事实加以证明——先有太守、刺史推举其为孝廉、秀才，后有诏书命之为郎中和太子洗马。这样的仕途安排没有亏待一名亡国归晋的蜀士，亦可表明李密自谓之"猥以微贱，当侍东宫，非臣陨首所能上报"[1]并非无端之辞。但在如此"沐浴清化"的境况中，李密"辞不赴命"的理由（祖母"供养无主"）却被朝廷屡屡忽视，甚至遭到诏书的斥责，岂不使人讶异？

且不论帝王心思如何，李密已将"忠"与"孝"的矛盾悄然呈上。随后"郡县逼迫""州司临门"之事，可视作这一矛盾的凸显。继而，"臣欲奉诏奔驰，则刘病日笃；欲苟顺私情，则告诉不许"之句暗含幽怨，想必晋武帝也不能目之泰然。于是，李密以"臣之进退，实为狼狈"作结，可视为一种语气的缓和。

上述即为《陈情表》第二层次的内容，行文仍旧十分精练。李密在此处充分说明了"陈情"的缘

---

[1] ［南朝·梁］萧统：《文选》，上海古籍出版社1986年版，第1694页。

由——忠孝彼此矛盾、公私不能兼顾，且借机试探性地流露出被逼无奈的情绪。这与正文开篇恰好构成一股合力，使情感的天平向"孝"的一方倾斜。但其中也存在一定的风险，即：面对绝对强势的皇权，李密突出了问题的困难而搁置表态，似有将难题上交的意思。就晋武帝的立场而言，阅及此处或不免嫌烦——若持续施压，势必加剧忠与孝的矛盾，折损儒家伦理完满的政治正确，亦与自己怀柔罢士的初衷相悖；若主动谅解，则无疑自认"诏书切峻"的斥责有失仁厚，亦将使"圣明"蒙尘。幸运的是，晋武帝并未就此罢阅，随即看见了李密的笔锋陡转——"伏惟圣朝以孝治天下。"[1]

仅仅九字，却是李密胸中盘桓已久的纾困要诀。其以主动拜服的姿态为晋武帝化解了忠孝矛盾的难题，被后世公认为决定《陈情表》成败的关键。在语言的形式上，此处精妙地"设计了一个逻辑陷阱：你

---

〔1〕［南朝·梁］萧统：《文选》，上海古籍出版社1986年版，第49页。

以'孝'治国,我尽孝,我就是尽忠"[1]。而在这个语言的"逻辑陷阱"背后,已折射出了李密对当时特殊政治形势和政治观念的把握。

五

溯史可知,相比魏文帝曹丕兵不血刃地胁迫汉献帝禅位,司马昭阴纵亲信贾充杀高贵乡公曹髦无疑是司马氏统治集团无法抹去的原罪。因此,即便一统三国后,儒家所倡导的"忠君"之道也难以得到西晋朝廷的鼓吹,反而变为彼时讳莫如深的政治禁忌。作为最佳替代,"孝"的伦理意义被空前拔高和放大,成了彰显西晋政权合法性的唯一道德外衣。自司马懿晚年夺得曹魏政权后,该道德外衣就已经是司马氏集团稳固其执政地位的不二之选。

首先,这是对汉代政治传统的遵循。汉武帝以

---

[1] 李德虎:《对李密〈陈情表〉的博弈分析》,《贵州工程应用技术学院学报》2016年第6期,第45页。

来，以孝治国、忠孝一体的理念被高度肯定。作为当时官学和私学必修教材,《孝经》有云：

> 夫孝，始于事亲，中于事君，终于立身。[1]

或云：

> 君子之事孝亲，故忠可移于君。[2]

其次，这是魏晋士族家教传统的延续。《三国志·魏书·钟会传》注引钟会为其母所作之传曰：

> 夫人性矜严，明于教训，会虽童稚，勤见规诲。年四岁授《孝经》，七岁诵《论语》，八岁诵《诗》……十五使入太学问四方奇文异训。[3]

---

[1]《十三经注疏》（嘉庆刊本），[清]阮元校刻，中华书局2009年版，第5526页。

[2]《十三经注疏》（嘉庆刊本），[清]阮元校刻，中华书局2009年版，第5562页。

[3] [西晋]陈寿：《三国志》，中华书局1959年版，第785页。

从中可见,《孝经》属于魏晋士族子弟的启蒙书,是养成如司马氏一般儒家豪族所具阶级属性的重要文化资源。

再者,晋武帝还将孝道提升至空前的高度。作为西晋开国之君,晋武帝在其父母去世后皆以儒家礼制服丧三年[1],如此躬身垂范,堪称中国古代帝王中的第一人。

基于这样的前缘后续,"圣朝以孝治天下"虽用语平实却字字中的,贴合了晋武帝心意。孝风盛行之下,"凡在故老,犹蒙矜育"[2]自然义不容辞,李密借机再次重申"况臣孤苦,特为尤甚"[3]之状,便不难引发晋武帝的同情了。至此,李密基本完成了对自己因孝违诏之举的合法性论证。

---

[1] 参见《晋书·武帝纪》。
[2] [南朝·梁]萧统:《文选》,上海古籍出版社1986年版,第1695页。
[3] [南朝·梁]萧统:《文选》,上海古籍出版社1986年版,第1695页。

六

不过,就晋武帝假征召之名收服蜀士的政治目的而言,有关于忠孝一体的价值论证虽如"道德外衣"般可以掩人耳目,却不能真正消除其对蜀汉隐士是否诚心归顺的疑虑。汲取了前两次陈情失败教训的李密已悉其理,遂按下"孝"事不表,笔锋又转,曰:

> 且臣少仕伪朝,历职郎署;本图宦达,不矜名节。今臣亡国贱俘,至微至陋,过蒙拔擢,宠命优渥,岂敢盘桓,有所希冀![1]

此两句之中,李密追昔抚今,毕恭毕敬:称前朝为"伪","断"旧国之念;言降俘之"贱",谢"圣朝"之"宠"。并以"少仕伪朝""历职郎署"之事剖

---

[1] [南朝·梁]萧统:《文选》,上海古籍出版社1986年版,第1695页。

明自己"本图宦达，不矜名节"的心性，以求取晋武帝对于其甘受朝廷驱使（"岂敢盘桓，有所希冀"）之心的信任。该处的表态看似"至微至陋"，却以彻底俯首听命之姿阻断了统治者对其忠诚的质疑。作为蜀中寒士的代表，李密虽不乏贤良之名，却从来不是握实权、有实力的政治人物。晋武帝招揽李密，其意主要在于政治装点，并非着意拉拢，遑论加以重用。当晋武帝的疑虑被充分消减时，李密为自己赢得宽恕的可能性也就大幅增加了。

随后，《陈情表》的内容顺势折回到"孝"的主题。续曰：

> 但以刘日薄西山，气息奄奄，人命危浅，朝不虑夕。臣无祖母，无以至今日；祖母无臣，无以终余年。母孙二人，更相为命。是以区区不能废远。[1]

---

[1] ［南朝·梁］萧统：《文选》，上海古籍出版社1986年版，第1695页。

这段话将前文两次提到的祖母病情加以浓烈渲染，以类似"一篇之中三致志"[1]的方式成功突出了非同寻常的祖孙深情。同时，它还从情感逻辑上完满地回答了一个现实视角下的具体疑问：此行孝之事为何不能由旁人（李密的子女或其他亲属）所替代？《陈情表》第三层次内容到此结束。其结笔处的文采辞章被后世津津乐道，但达成其表意效果的基础却在于前文对孝道之政治正确的论证和对统治者政治疑虑的解除。唯有在此基础上，所有行文感人的陈情才不再是企图"苟顺"的一己之私，而成为值得朝廷重视的堪为典型法理案例的公共议题了。

对此议题，治国有术的晋武帝自然会以现实政治利弊为评判标准，正如诸多后世学者的分析，孙吴未灭前，西晋朝廷尽量笼络蜀汉旧士，稳定蜀地民心。李密因颇有孝廉的清名，只要他能够保证效忠新朝，晋武帝的目的便已达成：

---

[1]［西汉］司马迁：《史记》，中华书局 2005 年版，第 1935 页。

不论是诏其出仕,还是允其尽孝,都表现出晋王朝对知识精英的宽宏大量,有利于从思想上巩固其王朝正统的合法性。[1]

七

对照古人作文章法之"起、承、转、合"四字诀,《陈情表》不啻为绝佳范例。表文的第一层次与第二层次在形式上并列叙述,内容上暗含递进;第三层次则通过巧妙地呼应前文而阐明了"陈情"的主旨,从而实现了"转";最后的段落则总括全篇,最终促成了情感的强化。

> 臣密今年四十有四,祖母刘今年九十有六,是臣尽节于陛下之日长,报养刘之日短也。[2]

---

[1] 孙绍振:《坚定而委婉的抗诏——读李密抒情性公文〈陈情表〉》,《语文建设》2017年第1期,第42页。
[2] [南朝·梁]萧统:《文选》,上海古籍出版社1986年版,第1695页。

该句中，李密通过指出祖母的年纪增强了"刘病日笃"的可信度，更从自己与祖母的年纪对比中点明了孝亲与忠君的程度强弱——"报养"日短而"尽节"日长。从晋武帝的立场来看，这既呈现了李密进一步的政治表态，也奉上了一个可以使自己特加宽恕（同时抵消朝中异议）的具体理由，无一字冗余。继而，李密以"蜀之人士及二州牧伯"乃至"皇天后土"为证，苦诉自己"愿乞终养"[1]的乌乌之情，恳求晋武帝能够"矜悯愚诚，听臣微志"[2]，能够使"庶刘侥幸，保卒余年"[3]，并立下"生当陨首，死当结草"[4]的政治承诺。这一系列重重叠加的情感砝码，不但添足了奉孝的分量，也将绝对忠君的信誓

---

[1]［南朝·梁］萧统：《文选》，上海古籍出版社1986年版，第1695页。
[2]［南朝·梁］萧统：《文选》，上海古籍出版社1986年版，第1695页。
[3]［南朝·梁］萧统：《文选》，上海古籍出版社1986年版，第1695页。
[4]［南朝·梁］萧统：《文选》，上海古籍出版社1986年版，第1695页。

全盘托出。最终，在历经"不胜犬马怖惧"[1]的等待后，李密迎来了天平的倾斜——晋武帝的恩准。而皇恩的嘉许也将《陈情表》从子孙尽孝报亲的私情祈愿一举变为了垂范众臣的政治宣誓。

后人论及《陈情表》主旨，常将"读李令伯《陈情表》而不堕泪者，其人必不孝"（安子顺语）引为警言。它不仅推崇了《陈情表》对于"孝"的表达，更将其道德感召力推至顶峰。但细读《陈情表》全文则会发现，李密始终殚精竭虑地化解着政治与道德的矛盾，战战兢兢地弥合着忠君与孝亲的两难。其中有如走钢丝般的穿针引线，到底还是用精严的文字为自己"缝制"了一件归顺的朝服。纵使得偿所愿，岂知未负初心？表文中的辗转腾挪、委曲进退着实难掩作者的焦虑与压抑。于是，关乎全篇的意义阐释亦将因读者的立场不同而产生更为丰富的内涵。

若如安子顺般单以道德教化的标准来评价——他

---

[1]［南朝·梁］萧统：《文选》，上海古籍出版社1986年版，第1696页。

对《出师表》和《祭十二郎文》的价值判断亦由此得出，则《陈情表》除志在全孝外应别无他意。但结合魏晋易代之际复杂动荡的局势和蜀汉士人在亡国后整体主隐的情形而言，《陈情表》则好似李密借奉孝之名而施的缓兵之计，其目的在于暂停仕途、暗观时局、随机应变。尽管其祖母亟待终养之事属实，且儿孙的乌鸟之情不假，但李密拒绝征召之举本身就是对西晋朝廷治蜀政策的抵触——其性质与谯周之称病而不赴洛同类。将此视作一种犹疑心理导致的政治选择亦合情合理。

再就《陈情表》的写作动机以及表文内容的客观呈现而言，与其称其为一篇道德请愿书，毋宁称其为一份政治自辩状。《陈情表》本身所具的政治属性，主旨上努力强调的政治态度，行文之中轮番做出的以孝为忠、忠心多于孝心的政治表态等，皆体现出李密求取政治信任大于道德信任的意图。由是，在更为全面的视野中，将分析的焦点置于《陈情表》所反映出的政治心态方面，是比单纯关注其道德教化意义更加必要的。

八

因李密《陈情表》与诸葛亮《出师表》所处时代相同,且均为蜀汉士人的著名奏表,后世学者惯于将两者对举互较、品评论赏。通常情况下,二者的文辞高低实难分轩轾。但有研究者因《陈情表》的表达与李密仕晋后的事迹之间呈现出了所谓的"人格反差",从而得出"李密《陈情表》不及诸葛亮《出师表》多矣"[1]之类的结论。这是缺乏同情且有欠公允的。蜀汉昭烈帝刘备临终前嘱咐十七岁的蜀后主刘禅信赖诸葛亮,事之如父,且将印绶赋予诸葛亮。刘备死后,诸葛亮的功绩威望在蜀国无人可及,即使面对君权亦处强势地位。《出师表》直抒胸臆,鲜有顾忌,乃至呼"先帝"远多于称"陛下",形同絮絮谏言,实如谆谆教诲。而李密身为"亡国贱俘",两度拒绝

---

[1] 张海明:《李密〈陈情表〉别解》,《求是学刊》2009 年第 5 期,第 102 页。

应征、触怒君王，欲借《陈情表》自证清白、求得皇恩，又岂能固执公直之节、频发怨叹之声？其真实情景或许正如某些读者敏锐的直觉，并不能令人发出"读李令伯《陈情表》而不堕泪者，其人必不孝"的感慨，而是"只觉得一种黑苦，宛如卤水呛喉。所谓'人命危浅，朝不虑夕'的重压，在此时化作了窒息呼吸的流汁"[1]。由此，重新审视李密任西晋官员后"不曲意势位者""憎疾从事"乃至因"失分怀怨"而触怒晋武帝的种种事迹，它们便非但不能成为李密"人格反差"的表现，反更能凸显其方亮、孤傲的禀性难移。

《陈情表》无法做到全然由衷的陈情，只能献上诸多迫于无奈的"表演"。表文共用近三十处"臣"字，文末更以"犬马"自喻，名士风骨尽数埋于尘埃之下。"在陈述祖母的病情及'祖母'与'皇上'对

---

[1] 蒋蓝：《独立于世者，湛然无咎》，《四川文学》2011年第10期，第52页。

称时，多称'刘'。"[1] 此举显然也是尊君威而抑私情。对此，晋武帝纵能明察秋毫，又怎好再蛋中挑刺？其所谓"密不空有名也"。到底是赞李密之孝，还是赞李密之文？或许他也不过是以一场应有的"表演"来为这场君臣间的博弈画上"双赢"的句号罢了！

---

〔1〕 向琴：《从对人的称谓看李密的性格——〈陈情表〉人物称谓探究》，《语文教学》2014年第6期，第65页。

附：李密《陈情事表》[1]

臣密言：臣以险衅，夙遭闵凶。生孩六月，慈父见背；行年四岁，舅夺母志。祖母刘悯臣孤弱，躬见抚养。臣少多疾病，九岁不行，零丁孤苦，至于成立。既无伯叔，终鲜兄弟；门衰祚薄，晚有儿息。外无期功强近之亲，内无应门五尺之僮；茕茕独立，形影相吊。而刘夙婴疾病，常在床蓐，臣侍汤药，未曾废离。

逮奉圣朝，沐浴清化。前太守臣逵察臣孝廉，后刺史臣荣举臣秀才。臣以供养无主，辞不赴命。诏书特下，拜臣郎中，寻蒙国恩，除臣洗马。猥以微贱，当侍东宫，非臣陨首所能上报。臣具以表闻，辞不就

---

[1] 据任乃强考辨，李密《陈情表》应首载于西晋蜀中学者常宽所作的《后贤志》，裴松之注《三国志》时辑录全篇，系引文出处于其名下。常璩《华阳国志》无征引疏草全文的先例，故只取李密事迹，未录其文。（[东晋]常璩撰：《华阳国志校补图注》，任乃强校补图注，上海古籍出版社1987年版，第638页。）又据清朝中叶文献学家胡克家考辨，他所覆刻的《文选》依据的版本是南宋文学家尤袤所刻《文选》李善注本，该书将李密上奏晋武帝的表文题作《陈情事表》，而元朝大德年间茶陵陈仁子所刻《增补六臣注文选》（茶陵本）和明嘉靖年间袁褧嘉趣堂重刻本《六臣注文选》中所录此文均无"事"字。因此，胡克家怀疑《陈情事表》与《陈情表》在题目上的"一字之差"可能是唐朝李善与其后的唐朝五臣（吕延济、刘良、张铣、吕向、李周翰）在各自注释《文选》的过程中造成的文题抄录之别。（[南朝·梁]萧统：《文选》，上海古籍出版社1986年版，第1696页。）

职。诏书切峻，责臣逋慢。郡县逼迫，催臣上道，州司临门，急于星火。臣欲奉诏奔驰，则刘病日笃；欲苟顺私情，则告诉不许。臣之进退，实为狼狈。

伏惟圣朝以孝治天下，凡在故老，犹蒙矜育，况臣孤苦，特为尤甚。且臣少仕伪朝，历职郎署；本图宦达，不矜名节。今臣亡国贱俘，至微至陋，过蒙拔擢，宠命优渥，岂敢盘桓，有所希冀！但以刘日薄西山，气息奄奄，人命危浅，朝不虑夕。臣无祖母，无以至今日；祖母无臣，无以终余年。母孙二人，更相为命。是以区区不能废远。臣密今年四十有四，祖母刘今年九十有六，是臣尽节于陛下之日长，报养刘之日短也。乌鸟私情，愿乞终养。

臣之辛苦，非独蜀之人士及二州牧伯所见明知，皇天后土，实所共鉴。愿陛下矜悯愚诚，听臣微志，庶刘侥幸，保卒余年。臣生当陨首，死当结草。臣不胜犬马怖惧之情，谨拜表以闻。[1]

---

〔1〕[南朝·梁] 萧统：《文选》，上海古籍出版社1986年版，第1693—1696页。

陈寿《三国志》笔法

陈寿是继司马迁、班固之后的又一伟大史家。他以一己之力合魏、蜀、吴三国史料，撰成巨著《三国志》，展现了东汉末至西晋初的历史面貌，成就了一部私修纪传体断代史的典范之作。有意味的是，陈寿生年适逢蜀灭于魏，被迫易朝入仕，其蜀汉降臣的身份使得这一段历史并非由胜利者书写，而是出自"失败者"的视角。陈寿在魏晋禅代后撰史，既开亡国旧士书新朝前缘之先河，又履新朝臣子写故国旧事之艰责。于是，关乎其史德、史才、笔法、文心等问题，自《三国志》书成传世之日起，即引发了学界种种的议论。

追究众议之渊薮，括其要处乃在两端：一是《三国志》编撰体例、叙述方式较特殊，可名之曰"陈寿笔法"，后世对此有长短优劣之论；二是"陈寿笔法"所旨涉之"易代史观"，后世对此有是非曲直之辨。叩此两端，研究者们关注的议题基本归为三处：一是《三国志》所尊正统之是非；二是《三国志》所呈笔法之曲直；三是《三国志》所现叙述之优劣。这三者皆与陈寿本人的身份境遇、史识、史才及魏晋易代时期的社会背景紧密关联，唯有充分认识其生平经历、著述心路及其所处时代的特殊性，方可厘清其笔法与史观间的微妙关系，并对魏晋易代之际的士人心态加深了解。

一

晋室禅魏而来，《三国志》奉魏为正统，在西晋一朝并无异议。然"衣冠南渡"后，时局有变，东晋史家习凿齿著《汉晋春秋》，另倡新论，意在通过质疑《三国志》的编撰体例，影射恒温专权之事，以警朝政。《晋书·习凿齿传》载曰：

> 时温觊觎非望，凿齿在郡，著《汉晋春秋》以裁正之。起汉光武，终于晋愍帝。于三国之时，蜀以宗室为正，魏武虽受汉禅晋，尚为篡逆，至文帝平蜀，乃为汉亡而晋始兴焉。引世祖讳炎兴而为禅受，明天心不可以势力强也。[1]

其论虽非东晋有关《三国志》成就的主流评判，却开启了魏、蜀两国孰为正统的是非之辨。

习凿齿临终上疏曰：

> 自汉末鼎沸五六十年，吴魏犯顺而强，蜀人杖正而弱，三家不能相一，万姓旷而无主。夫有定天下之大功，为天下之所推，孰如见推于暗

---

[1]〔唐〕房玄龄等：《晋书》，中华书局1974年版，第2154页。

人，受尊于微弱？配天而为帝，方驾于三代，岂比俯首于曹氏，侧足于不正？即情而恒实，取之而无惭，何与诡事而托伪，开乱于将来者乎？是故故旧之恩可封魏后，三恪之数不宜见列。以晋承汉，功实显然，正名当事，情体亦厌，又何为虚尊不正之魏而亏我道于大通哉！[1]

可见，习凿齿尊刘攘曹之议，乃是借著史以卫道，斥权臣僭越之行，力求承续《春秋》传统，亦是西晋士族南渡后胸怀离黍之悲、意图托古喻今的文化自尊心使然。在与东晋国情较类似的南宋，习凿齿的做法得到了充分认同：朱熹之《通鉴纲目》、萧常之《续后汉书》皆尊昭烈汉统，元朝郝经之《续后汉书》、明朝谢陛之《季汉书》亦传习此法，都以修史实践反对陈寿《三国志》"尊魏"的正统观。

习凿齿从撰史体例着手，以正统论为准绳，批判

---

[1] [唐]房玄龄等：《晋书》，中华书局1974年版，第2157页。

陈寿尊曹魏贬蜀吴的观点。他举出《三国志》中的三种现象来说明"陈寿笔法"的错误：一是魏主有纪，而蜀、吴之主皆为传；二是魏主称帝，而蜀、吴之主皆呼主；三是蜀、吴之国祚纪年虽各有其系，却皆以曹魏年号为参照。习凿齿举证看似合理，但置之于《三国志》成书之世，则无不属陈寿仕晋后的应有之举。习凿齿并非不知魏晋政治承续的事实，却因其"裁正"故史之用心，未对陈寿的做法给予理解。在后世史学界的主流意见中，陈寿著史的时代处境则被予以了充分体谅。《四库全书总目提要》卷四十五《史部一·正史类》"三国志六十五卷"条云：

> 其书以魏为正统，至习凿齿作《汉晋春秋》，始立异议。自朱子以来，无不是凿齿而非寿。然以理而论，寿之谬万万无辞。以势而论，则凿齿帝汉顺而易，寿欲帝汉逆而难。盖凿齿时晋已南渡，其事有类乎蜀，为偏安者争正统，此孚于当代之论者也。寿则身为晋武之臣，而晋武承魏之统，伪魏是伪晋矣，其能行于当代哉？此犹宋太

祖篡立近于魏，而北汉、南唐迹近于蜀，故北宋诸儒皆有所避而不伪魏。高宗以后偏安江左近于蜀，而中原魏地全入于金，故南宋诸儒乃纷纷起而帝蜀。此皆当论其世，未可以一绳格也。[1]

该论断将陈寿与习凿齿以及南宋部分史家观念对立的缘由辨析得十分清楚。

汉末三国争雄，曹魏独霸于北，蜀吴并峙于南。曹操挟天子以令诸侯，虽被讥为阉宦之后，但掌控皇权，实据正朔。相比之下，刘备虽以身世自诩，然其人起于寒素，血缘谱系难考，且中山靖王刘胜以好酒贪色见贬于史，奉之为祖不足为傲。更重要的是，汉献帝禅位于曹丕（孙权曾对之称臣），诏颁天下，是汉魏易代的显著标志。故而，陈寿撰《三国志》时奉曹魏为正统，正体现了实事求是的历史观，恰如今世学者所论：

---

[1] [清]纪昀总纂：《四库全书总目提要》，河北人民出版社2000年版，第1245页。

> 儒者以蜀汉刘姓,故以正闰属之,此"应然"也。实则"昭烈之于汉,虽云中山靖王之后,而族属疏远,不能纪其世数名位",故温公不敢使蜀汉"绍汉氏之遗统",而以"汉传于魏而晋受之",与承祚相呼应,此史家"实然"之见也。[1]

从中可见,以严谨修史著称的司马光也认可《三国志》的体例,并认为以"实录"精神撰写历史乃是陈寿奉曹魏为三国正统的首要原因。

《三国志》在纪传设置、名分称谓乃至系年方式等体例安排上虽奉曹魏为正统,但毕竟是将三国历史各自独立、分而述之,陈寿匠心独运之处由此不难见出。据当今学者考证,《三国志》之魏、蜀、吴三书应是次第而成[2],《魏书》在陈寿生前曾以独立之面

---

[1] 汪荣祖:《史传通说——中西史学之比较》,中华书局2003年版,第114—115页。
[2] 史学界通常认为是先成《蜀书》,继成《魏书》,再成《吴书》。

目流传于士林[1],三书并行之时当在陈寿去世之后。[2]《晋书·陈寿传》载:

> 元康七年,(陈寿)病卒,时年六十五。梁州大中正、尚书郎范頵等上表曰:"昔汉武帝诏曰:'司马相如病甚,可遣悉取其书。'使者得其遗书,言封禅事,天子异焉。臣等案:故治书侍御史陈寿作《三国志》,辞多劝诫,明乎得失,有益风化,虽文艳不若相如,而质直过之,愿垂采录。"于是诏下河南尹、洛阳令,就家写其书。[3]

可见,"在当时政治环境下,没有官方允许,私

---

[1]《华阳国志》即载有张华、荀勖、夏侯湛见阅其书后的不同态度。

[2] 范家伟:《陈寿对〈三国志〉分行与并行的处理》,《史学史研究》1998年第1期,第42页。

[3] [唐]房玄龄等:《晋书》,中华书局1974年版,第2138页。

撰敌国（吴蜀）史事，根本不可能"[1]。《三国志》虽为私修国史，但其最终并非编定于陈寿之手，乃是由西晋官吏采录抄辑而成并公之于众。这也是导致《三国志》在体例上既不敢逾越晋室正统观念，却又与之有所矛盾的重要原因之一。

即便如此，陈寿"分述三国"的修史实践仍不失为具里程碑意义的史学壮举。清代学者朱彝尊《曝书亭集》卷五十九《陈寿论》中有云：

> 于时作史者，王沈则有《魏书》，鱼豢则有《魏略》，孔衍则有《魏尚书》，孙盛则有《魏春秋》，郭颁则有《魏晋世语》。之数子者，第知有魏而已。寿独齐魏于吴蜀，正其名曰三国，以明魏不得为正统，其识迥拔乎流俗之表。[2]

---

[1] 范家伟：《陈寿对〈三国志〉分行与并行的处理》，《史学史研究》1998年第1期，第41页。
[2] ［清］朱彝尊著：《曝书亭全集》，王利民等校点，吉林文史出版社2009年版，第599页。

以上论断高度肯定了陈寿分述三国历史的卓见。近代学者刘咸炘由之深入辨析道：

> 王、鱼诸作，自是限于一方，未及扬、益，若总而记之，自不能以魏盖二方，古人朴直，不以名乱实，当时曹氏实未常统二方，而鼎峙分疆，不相君臣，又前此所未有，太史世家之例既不可用（太史本纪、世家乃古者天子、诸侯二重之例），《晋书·载记》之例又尚未有（《东观·载记》乃新市、平林、下江诸部落为后汉先驱者），不得不各为一书，以三国为总称，揆情度势，固应若是，必谓是承祚有心抑魏以侪于吴、蜀，虽以意逆志，殆难使人信矣。[1]

又云：

---

[1] 刘咸炘著：《刘咸炘学术论集·史学编》（下），黄曙晖编校，广西师范大学出版社2007年版，第306页。

> 原承祚之本意,盖以三方实皆当为纪,而一书不可三纪,故既不得不用纪体,又不得不名为传,此在承祚以为史法之不得不然,然任取一方皆可也,乃独取魏,则固以魏为居正矣,岂可掩乎?[1]

其论既肯定《三国志》据史实以立言、循时势而创新的优点,也纠正了朱彝尊所揣测的陈寿私心"贬魏"之说,从而得出了更加客观的判断。

二

若承认《三国志》在正统论上的"尊魏"乃陈寿之史家"公心"盖过其蜀汉旧臣"私意"的结果,那么,从《三国志》"分述三国"之体例与晋室主流史观[2]的矛盾上推测,陈寿在书写魏、蜀、吴三国历

---

[1] 刘咸炘著:《刘咸炘学术论集·史学编》(下),黄曙晖编校,广西师范大学出版社2007年版,第308页。
[2] 王沈、鱼豢、孔衍等为代表。

史的具体笔法上是否会别有"尊蜀"之怀抱呢？检阅《三国志》，颇能找到一些证据来论证这种推测。首先，《蜀书·先主传》中除开篇直书刘备姓名外，余处皆称"先主"；《吴书·吴主传》中对孙权皆是直呼其名。此间所示陈寿"不忘旧国"之意，清代学者顾炎武和赵翼均曾做过说明。[1] 其次，《三国志》中对曹操、刘备、孙权三人进行评价时，陈寿之用辞颇可玩味。对曹、刘二人，陈寿几无贬语。他虽指出刘备的"机权干略，不逮魏武"[2]，但与颂扬曹操的王霸武功不同，对刘备则着重赞美其德行，情感倾向较为明显——陈寿认为刘备"弘毅宽厚，知人待士"[3]，与诸葛亮之间的关系堪称"君臣之至公，古今之盛轨"[4]。对于孙权，陈寿褒贬各半，虽谓之"有勾践

---

[1] [清] 赵翼著：《廿二史札记校证》（上），王树民校证，中华书局 2013 年版，第 125 页。
[2] [西晋] 陈寿：《三国志》，中华书局 1959 年版，第 892 页。
[3] [西晋] 陈寿：《三国志》，中华书局 1959 年版，第 892 页。
[4] [西晋] 陈寿：《三国志》，中华书局 1959 年版，第 892 页。

之奇英，人之杰矣"[1]，但这显然不能与"非常之人，超世之杰"[2]（曹操）或"有高祖之风、英雄之器"[3]（刘备）等而视之。

此外，《三国志》中部分内容看似实录，细读后却可察觉作者笔下"春秋"之意。比如，《蜀书·先主传》载东汉建安二十五年（公元220年）事云：

> 魏文帝称尊号，改年曰黄初。或传闻汉帝见害，先主乃发丧制服，追谥曰孝愍皇帝。[4]

又载次年（公元221年）蜀汉太傅许靖等上言劝刘备称帝文曰：

> 曹丕篡弑，湮灭汉室，窃据（居）神器，劫迫忠良，酷烈无道。人鬼忿毒，咸思刘氏。今上

---

[1]［西晋］陈寿：《三国志》，中华书局1959年版，第1149页。
[2]［西晋］陈寿：《三国志》，中华书局1959年版，第55页。
[3]［西晋］陈寿：《三国志》，中华书局1959年版，第892页。
[4]［西晋］陈寿：《三国志》，中华书局1959年版，第887页。

无天子,海内惶惶,靡所式仰。[1]

更载刘备即位后昭告云:

> 曩者王莽篡盗,光武皇帝震怒致诛,社稷复存。今曹操阻兵安忍,戮杀主后,滔天泯夏,罔顾天显。操子丕,载其凶逆,窃居神器。群臣将士以为社稷堕废,备宜修之,嗣武二祖,恭行天罚。[2]

三者并观,可见陈寿虽借蜀汉君臣之视角、口吻记述彼时史事,然疑之借题发挥亦非全无道理。[3]

综上,陈寿借由撰写《三国志》之机,而定"分述三国"之体,虽是秉公著史、以史求实、无妨史识是非之直见,但其身为蜀汉旧臣,私心笔端亦具故国

---

[1] [西晋]陈寿:《三国志》,中华书局1959年版,第888页。
[2] [西晋]陈寿:《三国志》,中华书局1959年版,第889页。
[3] 孙绍华:《〈三国志〉和陈寿的史识》,《史学史研究》1997年第2期。

黍离之情，文心笔法，可谓良苦。

遗憾的是，以唐朝刘知几和清朝赵翼为代表的后世史家或因查考史料未备，或因固执既有臬观，对《三国志》中不得已而用之的回护笔法讥议甚重，造成了后世对陈寿史德的诸多质疑与酷评。

刘知几所著《史通》，内外共计四十九篇。《内篇》中有十三篇语涉陈寿或《三国志》，《外篇》之《史官建置》亦有言及。其中贬多于褒，显示出其有意疏离官方修史立场、强调史家独立精神的用意。可惜，刘知几富于理想而忽于史实，其志之所扬亦为弊之所出。《内篇·直书》与《内篇·曲笔》中列举的《三国志》中轻视诸葛亮军事才能、遮掩司马昭弑君篡位行迹、陈述蜀国无史官状况等事例，乃至陈寿"征贿鬻笔"等传言，均有较明显的知识纰漏，大多被后世研究者据实纠正了。[1] 相比之下，赵翼在《廿二史札记》卷六中以《〈后汉书〉〈三国志〉书法

---

[1] 参见仲广军《对陈寿评论的思想史研究》（陕西师范大学2010年硕士学位论文）第一章第二节《史学脱离经学独立与陈寿评论》相关论述。

不同处》《〈三国志〉书法》《〈三国志〉多回护》三条内容对《三国志》"回护"魏晋之笔法进行了重点评议，论说较为细致，也更深入地阐发了刘知几所注目的问题。

《〈后汉书〉〈三国志〉书法不同处》条云：

> 《后汉书》与《三国志》，论时代则后汉在前，而作史则《三国志》先成，且百余年也。自《三国志·魏纪》创为回护之法，历代本纪遂皆奉以为式，延及《旧唐书》、《旧五代史》犹皆遵之。其间虽有习凿齿欲黜魏正统，萧颖士欲改书司马昭弑君，而迄莫能更正。直至欧阳公作《五代史》及修《新唐书》，始改从《春秋》书法，以寓褒贬。而范蔚宗于《三国志》方行之时，独不从其例，观《献帝纪》，犹有《春秋》遗法焉。虽陈寿修书于晋，不能无所讳，蔚宗修书于宋，已隔两朝，可以据事直书，固其所值之时不同，

然史法究应如是也。[1]

　　此处不仅将《三国志》所创体例与《后汉书》的相应笔法进行了对比，也将陈寿与范晔之史观相对照，肯定了《春秋》史观的正当性，价值立场上偏向对范晔一脉的认同。随后，赵翼以曹操汉末任职之事为例，对陈、范二人的笔法进行了评价，力图进一步证明范晔下笔褒贬得宜，得《春秋》遗风，陈寿则因意属"回护"，导致所录失当。然而，今世研究者重新排比史料并加以考辨后发现，《三国志》裴注中所载天子诏书与曹操答谢文已证实曹操汉末进爵任职，基本都遵照了当时的制度程序，并非如范晔所谓"自为""自立""自进"，《资治通鉴》亦采信了陈寿和裴松之的说法。由此，可以理据充分地反驳赵翼之论。[2] 赵翼所谓陈寿之"回护"反可称为"直书"，

---

[1] [清]赵翼著：《廿二史札记校证》（上），王树民校证，中华书局2013年版，第122页。
[2] 徐大英：《陈寿修史"多所回护"说辨析》，《史学史研究》1994年第3期，第39—40页。

而范晔之"褒贬"倒是意气用事了。

《〈三国志〉多回护》条云：

> 《春秋》书天王狩于河阳，不言晋侯所召，而以为天子巡狩，既已开掩护之法，然此特为尊者讳也。至于弑君弑父之事，则大书以正之，如许止、赵盾之类，皆一字不肯假借，所以垂诫，义至严也。自陈寿作《魏本纪》，多所回护，凡两朝革易之际，进爵封国，赐剑履，加九锡，以及禅位，有诏有策，竟成一定书法。以后宋、齐、梁、陈诸书悉奉为成式，直以为作史之法固应如是。然寿回护过甚之处，究有未安者。[1]

此处，赵翼将《春秋》笔法与陈寿"回护"笔法相比较，明确指出前者"为尊者讳"与后者"回护过甚"的区别。继而，他列举出《三国志》所书汉献帝

---

[1] [清] 赵翼著：《廿二史札记校证》（上），王树民校证，中华书局2013年版，第125—126页。

与魏常道乡公各自禅位后之称谓，魏齐王曹芳被废，魏高贵乡公被弑，曹操征陶谦，魏文帝甄夫人之死，蜀、魏在魏太和年间数次战事之成败在《三国志》中的表现，张郃降曹操，华歆、孙资、刘放等曹魏权臣传记中的笔法等内容，大量排比，欲充分证实其判断。然于今观之，赵翼上述种种论断既有失于审析史料，亦不能深味《三国志》叙事之法，或更兼未及细审陈寿笔下"微言"寄意，终致多有不当。兹可择其要者辩驳如下。

其一，对魏齐王芳被废之事，赵翼论曰：

> 是齐王之废，全出于师，而太后不知也。《魏纪》反载太后之令，极言齐王无道不孝，以见其当废，其诬齐王而党司马氏亦太甚矣。[1]

然《魏书·三少帝纪》载魏嘉平六年（公元254

---

[1]〔清〕赵翼著：《廿二史札记校证》（上），王树民校证，中华书局2013年版，第126页。

年）事曰：

> 秋九月，大将军司马景王将谋废帝，以闻皇太后。[1]

岂可谓"太后不知"？且通观《魏书·三少帝纪》中有关魏高贵乡公曹髦的记载，即可知陈寿对曹髦早年事迹赞扬有加，与赵翼所说"太后之令"[2]中的记述差异巨大。由此，亦不难想见司马师废魏齐王曹

---

[1] [西晋]陈寿：《三国志》，中华书局1959年版，第128页。
[2] 《三国志·魏书·三少帝纪》载魏甘露五年（公元260年）事，有云："五月己丑，高贵乡公卒，年二十。皇太后令曰：'吾以不德，遭家不造，昔援立东海王子髦，以为明帝嗣，见其好书疏文章，冀可成济，而情性暴戾，日月滋甚。吾数呵责，遂更忿恚，造作丑逆不道之言以诬谤吾，遂隔绝两宫。其所言道，不可忍听，非天地所覆载。吾即密有令语大将军，不可以奉宗庙，恐颠覆社稷，死无面目以见先帝。大将军以其尚幼，谓当改心为善，殷勤执据。而此儿忿戾，所行益甚，举弩遥射吾宫，祝当令中吾项，箭亲堕吾前。吾语大将军，不可不废之，前后数十。'"（[西晋]陈寿：《三国志》，中华书局1959年版，第143页。）

芳时所奉的那道"极言齐王无道不孝"的太后令[1]也是皇太后被逼发出的。欲加之罪，何患无辞？太后令之措辞激烈，岂不也是司马师、司马昭兄弟二人逼人太甚的一种证明？

其二，对魏高贵乡公被弑之事，赵翼论曰：

> 乃《魏志》但书高贵乡公卒，年二十，绝不见被弑之迹。反载太后之令，言高贵乡公之当诛，欲以庶人礼葬之。并载昭奏，称"公率兵向臣，臣即敕将士不得伤害。骑督成倅弟成济横入兵阵，伤公，进至陨命，臣辄收济付廷尉，结正其罪"等语。转似不知弑君之事，而反有讨贼之功。本纪如此，又无列传散见其事，此尤曲笔之甚者矣，

---

[1]《三国志·魏书·三少帝纪》载魏嘉平六年（公元254年）九月事，有云："甲戌，太后令曰：'皇帝芳春秋已长，不亲万机，耽淫内宠，沈漫女德，日延倡优，纵其丑谑；迎六宫家人留止内房，毁人伦之叙，乱男女之节；恭孝日亏，悖慠滋甚，不可以承云绪，奉宗庙。使兼太尉高柔奉策，用一元大武告于宗庙，遣芳归藩于齐，以避皇位。'"（［西晋］陈寿：《三国志》，中华书局1959年版，第128页。）

然此由曰身仕于晋，不敢不为晋讳也。[1]

然而赵翼提及的太后令中，分明曰：

> 沈、业即驰语大将军，得先严警，而此儿便将左右出云龙门，雷战鼓，躬自拔刃，与左右杂卫共入兵陈间，为前锋所害。[2]

从中可见司马昭得信后严阵以待之状，如此，曹髦之死岂能与之无关？曹髦被司马昭军卫所弑，太后令中已经说清，实录在案，何来"曲笔"？

其三，对于蜀魏在魏太和年间数次战事之成败在《三国志》中的表现，赵翼论曰：

> 又魏明帝太和二年，蜀诸葛亮攻天水、南

---

[1] [清] 赵翼著：《廿二史札记校证》（上），王树民校证，中华书局2013年版，第126页。
[2] [西晋] 陈寿：《三国志》，由云龙辑，中华书局1959年版，第144页。

安、安定三郡，魏遣曹真、张郃大破之于街亭，《魏纪》固已大书特书矣。是年冬，亮又围陈仓，斩魏将王双，则不书。三年，亮遣陈式攻克武都、阴平二郡，亦不书。以及四年蜀将魏延大破魏雍州刺史郭淮于阳溪，五年亮出军祁山，司马懿遣张郃来救，郃被杀，亦毕不书。并《郭淮传》亦无与魏延交战之事。此可见其书法，专以讳败夸胜为得体也。乃至《蜀后主传》，街亭之败亦不书。但云亮攻祁山不克而已。岂寿以作史之法必应如是回护耶？[1]

然纵览《三国志》可知：诸葛亮失街亭之事，《蜀书·后主传》虽未载，但《蜀书·诸葛亮传》《蜀书·马良传》及其后所附之《马谡传》均有载；斩王双之事，《魏书·明帝纪》虽未载，但《蜀书·后主传》《蜀书·诸葛亮传》均有载；魏延破郭淮之事，

---

[1]［清］赵翼著：《廿二史札记校证》（上），王树民校证，中华书局2013年版，第127页。

《魏书·明帝纪》《魏书·郭淮传》虽未载，但《蜀书·后主传》《蜀书·魏延传》均有载；张郃被杀之事，《魏书·明帝纪》虽未载，但《魏书·张郃传》《蜀书·后主传》《蜀书·诸葛亮传》均有载。此乃史家错综现义、参互成文之例。笔墨在册，胜败分明，何来"讳败夸胜"之"回护"？

至于《廿二史札记》中对陈寿"回护"笔法的其他分析及举证，当今研究者在逐一重新考辨后指出：赵翼对其中大部分史实、史料的考辨有欠准确，析事论理亦不够客观，难以支持其所谓陈寿笔法"回护过甚"的评价。[1]难怪同代史家李慈铭在其所作《廿二史札记·题记》中即有云：

> 其书以论议为主，又专取各史本书，相互援证，不旁及他书，盖不以考核见长。[2]

---

[1] 参见王炳厝：《略论陈寿〈三国志〉回护司马氏——读赵翼〈廿二史札记〉有感》，《福建学刊》1997年第4期。
[2] [清]赵翼著：《廿二史札记校证》（下），王树民校证，中华书局2013年版，第922—923页。

又在《越缦堂读书记》中埋怨道：

> 赵识见浅陋，全不知著书之体。[1]

其言固苛，却非妄语。

刘知几与赵翼关于陈寿笔法"回护"的诸多议论虽错误较多，但所提出的问题却富有见地。溯及陈寿所处之境遇、所任之职位、所历之时势，不难想见《三国志》中"回护"现象理应存在，且其"回护"魏晋之意很可能在先作成的《魏书》中就已显露。否则，为西晋文坛首望的张华也不会有以《晋书》相托付之语。但从《华阳国志》中"奏《魏志》有失勖意"[2]的记载中，似乎又可推测出陈寿的"回护"并未"过甚"，更或有忌讳未备、因直受屈的情况。

并观刘知几、赵翼二人所论陈寿"回护"笔法之

---

[1] [清] 李慈铭撰：《越缦堂读书记》（上），由云龙辑，中华书局2006年版，第420页。
[2] [东晋] 常璩撰：《华阳国志校补图注》，任乃强校补图注，上海古籍出版社1987年版，第634页。

得失，还有两处内容应予强调。其一，除体例选择、史料采摘、叙事剪裁外，年号、称谓、地名等关乎文章著录规范的标准亦是史家笔法用心考量之处。陈寿《三国志》在这方面对前朝史家史著既有借鉴又有创新。[1] 其二，以注重史德的名义责备陈寿笔法中的"回护"现象着实有欠宽容。且不论《三国志》本身的历史价值和体现出的史家精神已被时间所证明，即便《三国志》中存在的"回护"现象其实也非全是陈寿本人所为。《魏书·王肃传》载魏明帝与王肃谈《史记》事，有云：

> 帝又问："司马迁以受刑之故，内怀隐切，著《史记》非贬孝武，令人切齿。"对曰："司马迁记事，不虚美，不隐恶。刘向、扬雄服其善叙事，有良史之才，谓之实录。汉武帝闻其述《史记》，取孝景及己本纪览之，于是大怒，削而投

---

[1] 龙显昭：《陈寿史学刍论》，《四川师范学院学报》（哲学社会科学版）2001年第6期，第14—15页。

之。于今此两纪有录无书。后遭李陵事,遂下迁蚕室。此为隐切在孝武,而不在于史迁也。"[1]

将此事与晋惠帝诏令官吏在陈寿去世后"就家写其书"的事相对照,又焉知晋室不窃占其文稿而作"笔削"与"隐切"呢?如此情形,便是赵翼奉为史家直书之表率的东周史官南史氏、董狐二人,恐怕也无可奈何吧!

三

从赵翼对陈寿"回护"笔法的批评以及后代学者的辨析中,可知双方的议题已延伸至对陈寿叙史方法的具体论说。而对陈寿叙史优劣的评价,自《三国志》成书之日起便不绝如缕,所涉问题也与魏晋史观发生了相应的联系。

考诸中国史学发展脉络可知,魏晋时期乃是中国

---

[1] [西晋]陈寿:《三国志》,中华书局1959年版,第418页。

史学独立之始。其标志性的事件便是荀勖在《中经新簿》这一目录学著作中，并未循刘歆《七略》或班固《汉书·艺文志》之旧例，将史家著作散列或是归于"六经"之《春秋》类，而是给予史著、史学独立的图书分类。《隋书·经籍志·经部》载曰：

> 魏氏代汉，采掇遗亡，藏在秘书中、外三阁。魏秘书郎郑默，始制《中经》，秘书监荀勖，又因《中经》，更著《新簿》，分为四部，总括群书。一曰甲部，纪六艺及小学等书；二曰乙部，有古诸子家、近世子家、兵书、兵家、术数；三曰丙部，有史记、旧事、皇览簿、杂事；四曰丁部，有诗赋、图赞、汲冢书，大凡四部合二万九千九百四十五卷。[1]

这就促使文史混杂的著史传统发生了改变。其要者在于史家录史应重在记取事实、考辨真伪，不应恃

---

[1] [唐]魏徵等：《隋书》，中华书局1973年版，第906页。

才使气、放荡成文、炫耀辞章。

史学的独立促进了修史的科学化和规范化。南朝宋文帝钦定玄、儒、文、史四馆，裴松之辑《史目》明晰了史家学统。昭明太子萧统所作《文选·序》有云：

> 至于记事之史，系年之书，所以褒贬是非，纪别异同，方之篇翰，亦已不同。若其赞论之综缉辞采，序述之错比文华，事出于沉思，义归乎翰藻，故与夫篇什，杂而集之。[1]

文中明确指出史学与文学的重要区别：著史者应当尽量客观公正，避免个人情感和私见过多介入；若主观见解和个人才情发挥过度，则将偏离史学而近于文学。以此标准衡量《三国志》，便可知陈寿实则发出了文史有别的先声。范頵等上表晋惠帝所称《三

---

[1]［南朝·梁］萧统：《文选》，上海古籍出版社1986年版，第3页（总序及总目部分）。

国志》"虽文艳不若相如,而质直过之",纵是稍憾《三国志》之文采未能尽如人意,却也反映出陈寿置"质直"于"文艳"之上的写作特点。

《三国志》固难及《史记》之纵横捭阖、华彩纷呈,亦不比《汉书》之气象宏阔、典雅丰赡,但若因此过分贬议陈寿本人之文学才能,显然有误。张华、荀勖、夏侯湛皆为西晋文坛之翘楚,张华尝欲托寿以《晋书》,荀勖赞扬寿之史才,夏侯湛见寿之作"坏己书而罢",可见陈寿之文采实乃彼时之一流。刘勰将《三国志》与并世所行之《晋阳秋》《魏略》《江表传》《吴录》等魏晋史传相比,认为其超乎群伦,赞之曰"文质辨洽",可谓一语中的。

不仅如此,陈寿怀降臣之悲、受时局之绊,仍矢志于孤心著史、分说三国,已是难能可贵。虽不免委屈回护,然高识卓见迭出,更于笔法曲折处力践《春秋》之微言远旨。然未待三书并行,斯人先殁,阙疑种种,唯留后人评说。良史之难,得无见乎?

顾荣与张翰的仕途分殊

作为东吴四姓望族的后裔,陆机、陆云、顾荣和张翰[1]先后出仕西晋,在历史上留下了不同的轨迹。他们在入洛前后的政治心态不仅影响了自己的命运,也成为入晋吴士进退抉择的典型,引起后世关注。

---

[1] 今世学者徐震堮认为《世说新语·赏誉》第一百四十二条所云"吴四姓"中的张姓是指张昭一脉([南朝·宋]刘义庆撰:《世说新语校笺》,徐震堮校笺,中华书局1984年版,第268页),龚斌从其说([南朝·宋]刘义庆撰:《世说新语校释》,龚斌校释,上海古籍出版社2011年版,第967页),二者皆有误。张昭乃是徐州彭城人,而吴中张姓应以张良之裔张睦(东汉初曾任蜀郡太守,后举家徙吴)为祖。据此,与张昭同朝为官的张温和张翰之父张俨(曾任吴末大鸿胪)才是"吴中张姓"的代表。

四人的生平事迹主要见载于《晋书》和《世说新语》。其中，二陆传世诗文较多，与他们的事迹相互佐证，将他们的政治心态勾勒得较为具体。这种具体虽有益于确证相关历史事实和个人情感，却并不能使他们的政治心态显出更多的曲折。笼统而言，二陆性格差异虽较大，但他们政治心态上的儒家道义主线一以贯之，铸就了他们的价值观和行事原则。这直接导致他们虽然在"八王之乱"中选择辅佐成都王司马颖，但又由于不肯曲意侍主、逢迎群僚，终因见疑被谤而遭杀害。顾荣和张翰则不同。顾荣传世诗文今虽散佚，但其生平事迹却已凸显出他作为特殊政治人物的复杂心路。张翰迄今可知的事迹、诗文更为寥落，但其事迹、诗文中蕴含的非政治化特质却使他的政治心态有了别具一格的文化意义。

一

入洛前，顾荣就已具备了一定的政治经验，且其在吴中的声望居于二陆、张翰之上。《晋书》卷六十

八 《顾荣传》载曰：

> 顾荣字彦先，吴国吴人也，为南土著姓。祖雍，吴丞相。父穆，宜都太守。荣机神朗悟，弱冠仕吴，为黄门侍郎、太子辅义都尉。[1]

《晋书·薛兼传》又云：

> 兼清素有器宇，少与同郡纪瞻、广陵闵鸿、吴郡顾荣、会稽贺循齐名，号为"五俊"。[2]

相比之下，陆机虽在父亲陆抗死后袭领过牙门将，陆云也曾被举为贤良，但他们少时尚未能有所作为便逢吴亡，后经十余年的退隐积学方成大器。顾荣奠定仕途基础的年纪，二陆正集中精力涵养学术。因

---

[1] [唐]房玄龄等：《晋书》，中华书局1974年版，第1811页。
[2] [唐]房玄龄等：《晋书》，中华书局1974年版，第1832页。

此，对顾荣而言，在吴亡后仕晋大体上顺理成章，不似二陆般面临是治学还是致用的人生抉择。

从陆机入洛前的诗文中，可以发现其心态虽有出处之矛盾，但复兴门第的进取之念最终占了上风，不仅促成自己的入洛，也带动了陆云。《晋书·顾荣传》云：

> 吴平，与陆机兄弟同入洛，时人号为"三俊"。[1]

无论是应朝廷的征召还是被权贵网罗，顾荣与二陆在出仕西晋的问题上都以政治为主要的考量标准，心态上大同小异。这与张翰的入洛动机有明显差异。《世说新语·任诞》第二十二条云：

> 贺司空入洛赴命，为太孙舍人，经吴阊门，

---

[1] [唐]房玄龄等：《晋书》，中华书局1974年版，第1811页。

在船中弹琴。张季鹰本不相识，先在金阊亭，闻弦甚清，下船就贺，因共语，便大相知悦。问贺："卿欲何之？"贺曰："入洛赴命，正尔进路。"张曰："吾亦有事北京。"因路寄载，便与贺同发。初不告家，家追问乃知。[1]

张翰将自己入洛的动机说得模糊且随意，符合《晋书·张翰传》中对其"纵任不拘"[2]的定性。或许是在有心入洛之际邂逅知音，一时兴起、欣然同行；或许只为相知难得、不忍短晤，索性找个借口，以便长途畅叙；无论如何，张翰的名士风姿已然跃出。[3]贺循明言自己"入洛赴命"，张翰但说"有事"。究竟何事？是应征、会友、还是求官？留给后

---

[1] [南朝·宋]刘义庆撰：《世说新语笺疏》，余嘉锡笺疏，中华书局2007年版，第870页。

[2] [唐]房玄龄等：《晋书》，中华书局1974年版，第2384页。

[3] 《晋书·张翰传》载曰："张翰，字季鹰，吴郡吴人也。父俨，吴大鸿胪。翰有清才，善属文，而纵任不拘，时人号为'江东步兵'。"（[唐]房玄龄等：《晋书》，中华书局1974年版，第2384页。）

世的这桩悬案在张翰看来恐怕无关紧要。连家人都料不到张翰会说走即走,于今视之,不由让人觉得此举岂非东晋王子猷雪夜造访戴安道之事的一则"前传"吗?

二

据《晋书》所载,张翰在西晋所任官职仅齐王司马冏幕下大司马东曹掾一种,仕途之起伏远不及二陆和顾荣。究其原因,一方面由于陆机、陆云、顾荣三人作为南士首望,声传北土,入洛后受到如太傅杨骏、赵王司马伦父子、齐王司马冏、成都王司马颖等西晋权贵注目,并被如张华之类的中原名士真心推举。另一方面则由于"太康之治"后的政治风险与二陆、顾荣的洛中仕途相伴始终。对此,顾荣的政治心态及言行较二陆谨慎不少。

《晋书·张华传》云:

> 陆机兄弟志气高爽,自以吴之名家,初入

洛，不推中国人士。[1]

而《晋书·傅玄传》附《傅咸传》载：

> 吴郡顾荣常与亲故书曰："傅长虞为司隶，劲直忠果、劾按惊人。虽非周才，偏亮可贵也。"[2]

可见，二陆与顾荣入洛后，虽都曾为求进取而刻意结交西晋名流，但二陆的自尊自傲一直难以放下——陆机在与刘道公、王武子、卢志等中原名士的对话以及与潘岳的诗歌酬唱中频现锋芒，陆云也有恃

---

[1] [唐]房玄龄等：《晋书》，中华书局1974年版，第1077页。
[2] [唐]房玄龄等：《晋书》，中华书局1974年版，第1330页。

才调侃荀隐的故事。[1] 而顾荣不仅对傅咸这样的中原名士推崇有加，更在使用职权乃至对待侍从的行为中，未雨绸缪地积累着自己的政治资源。《晋书·顾荣传》载：

> 会赵王伦诛淮南王允，收允僚属付廷尉，皆欲诛之，荣平心处当，多所全宥。及伦篡位，伦子虔为大将军，以荣为长史。初，荣与同僚宴饮，见执炙者貌状不凡，有欲炙之色，荣割炙啖之。坐者问其故，荣曰："岂有终日执之而不知其味！"及伦败，荣被执，将诛，而执炙者为督率，遂救之，得免。[2]

---

[1]《世说新语·排调》第九条载："荀鸣鹤、陆士龙二人未相识，俱会张茂先坐。张令共语。以其并有大才，可勿作常语。陆举手曰：'云间陆士龙。'荀答曰：'日下荀鸣鹤。'陆曰：'既开青云睹白雉，何不张尔弓，布尔矢？'荀答曰：'本谓云龙骙骙，定是山鹿野麋。兽弱弩强，是以发迟。'张乃抚掌大笑。"（[南朝·宋]刘义庆撰：《世说新语笺疏》，余嘉锡笺疏，中华书局2007年版，第926—927页。）

[2] [唐]房玄龄等：《晋书》，中华书局1974年版，第1811页。

顾荣分炙一事始见于《世说新语·德行》第二十五条：

> 顾荣在洛阳，尝应人请，觉行炙人有欲炙之色，因辍已施焉。同坐嗤之。荣曰："岂有终日执之，而不知其味者乎？"后遭乱渡江，每经危急，常有一人左右已，问其所以，乃受炙人也。[1]

刘孝标注引《文士传》有云：

> 及伦诛，荣亦被执。凡受戮等辈十有余人。或有救荣者，问其故，曰："某省中受炙臣也。"荣乃悟而叹曰："一餐之惠，恩今不忘，古人岂虚言哉！"[2]

---

[1] [南朝·宋]刘义庆撰：《世说新语笺疏》，余嘉锡笺疏，中华书局2007年版，第31页。
[2] [南朝·宋]刘义庆撰：《世说新语笺疏》，余嘉锡笺疏，中华书局2007年版，第31页。

刘孝标注引《文士传》中的记载，使史实更加具体、准确。《世说新语·德行》第二十五条所载内容虽很可能掺杂着后人的隐讳之辞[1]，但类似"每经危急，常有一人左右己"这样的表达却点出了顾荣从政为官的智虑与圆熟。

从二陆与顾荣各自的仕途言行中，还能见出两姓家风之不同。对此，他们族中前辈的相关事迹堪作参照。《世说新语·规箴》第五条云：

> 孙皓问丞相陆凯曰："卿一宗在朝有几人？"陆曰："二相、五侯、将军十余人。"皓曰："盛哉！"陆曰："君贤臣忠，国之盛也。父慈子孝，家之盛也。今政荒民弊，覆亡是惧，臣何敢言盛！"[2]

---

[1] 据余嘉锡对此事所作案语，他怀疑《世说新语》中的相关记述采自顾氏家传，所以讳言顾荣在"八王之乱"中被俘的事。（[南朝·宋]刘义庆撰：《世说新语笺疏》，余嘉锡笺疏，中华书局2007年版，第32页。）

[2] [南朝·宋]刘义庆撰：《世说新语笺疏》，余嘉锡笺疏，中华书局2007年版，第652页。

刘孝标注引《吴录》有云：

时后主暴虐，凯正直强谏，以其宗族强胜，不敢加诛也。[1]

《三国志·吴书·顾雍传》载：

吕壹、秦博为中书，典校诸官府及州郡文书。壹等因此渐作威福，遂造作榷酤障管之利，举罪纠奸，纤介必闻，重以深案丑诬，毁短大臣，排陷无辜，雍等皆见举白，用被谴让。后壹奸罪发露，收系廷尉。雍往断狱，壹以囚见，雍和颜色，问其辞状，临出，又谓壹曰："君意得无欲有所道？"壹叩头无言。时尚书郎怀叙面詈辱壹，雍责叙曰："官有正法，何至于此！"[2]

---

[1] ［南朝·宋］刘义庆撰：《世说新语笺疏》，余嘉锡笺疏，中华书局2007年版，第652页。
[2] ［西晋］陈寿：《三国志》，中华书局1959年版，第1226页。

陆凯是陆机、陆云的族伯,顾雍是顾荣的祖父。从中可见,"陆忠""顾厚"之遗响在二陆、顾荣身上是不乏回应的。

家风或许可以在"服膺儒术"的二陆身上打下较深的精神烙印,但对顾荣而言则止步于可资借鉴的政治经验,现实中的利弊权衡才是影响其心态与行为的关键。亡国之臣易主而侍,顾荣谋求见用拔擢的过程与其他吴中士人同样辛酸,出仕后所遭逢的动荡时局更令之如履薄冰、惶恐不安。《世说新语·德行》第二十五条刘孝标注引《文士传》云:

> 后赵王伦篡位,其子为中领军,逼用荣为长史。[1]

熟谙官场、慎于谋生的顾荣虽能用"分炙"之举为自己结下善缘,却实难用拒绝被任命的方式来预防

---

[1] [南朝·宋]刘义庆撰:《世说新语笺疏》,余嘉锡笺疏,中华书局2007年版,第31页。

政治风险。西晋权贵的威逼不仅会带来莫测的前途，更会带来身不由己的内心焦灼。《晋书·顾荣传》载：

> 齐王冏召为大司马主簿。冏擅权骄恣，荣惧及祸，终日昏酣，不综府事，以情告友人长乐冯熊。[1]

通过冯熊在司马冏长史葛旟处游说，顾荣被司马冏改任为中书侍郎。之后，顾荣"在职不复饮酒。人或问之曰：'何前醉而后醒邪？'荣惧罪，乃复更饮。与州里杨彦明书曰：'吾为齐王主簿，恒虑祸及，见刀与绳，每欲自杀，但人不知耳。'"[2] 如此自甘边缘乃至佯装无能，为求自保而放下身段、撇弃清誉。相比自负才望、"志匡世难"而不从吴中友人回乡避险建议的陆机，顾荣在政治心态上的务实性自那时起

---

[1]［唐］房玄龄等：《晋书》，中华书局1974年版，第1812页。
[2]［唐］房玄龄等：《晋书》，中华书局1974年版，第1812页。

就显而易见了。

三

顾荣在司马冏帐下如此惶恐，除了对司马冏"擅权骄恣"的惧怕外，直接原因是司马伦政变失败后，司马冏曾以参与谋逆[1]的罪名将他逮捕并欲诛杀。当时，二陆也在被法办的名单之列。据《晋书·陆机传》与陆机所作《谢平原内史表》中的记载，该案涉及了不少司马伦的幕僚，众人能够幸免于难，主要得益于成都王司马颖、吴王司马晏等西晋王公的救援。陆机因此感恩图报，便在"减死徙边，遇赦而止"[2]后投靠了司马颖。

顾荣委身司马颖之前的经历比陆机曲折许多。《晋书·顾荣传》云：

---

[1] 主要是九锡文与禅代诏的策划与撰写。
[2] [唐]房玄龄等：《晋书》，中华书局1974年版，第1473页。

及冏诛，荣以讨葛旟功，封嘉兴伯，转太子中庶子。

长沙王乂为骠骑，复以荣为长史。乂败，转成都王颖丞相从事中郎。[1]

这寥寥数语的背后，不知顾荣有着怎样的进退权衡，但其心态波动不难想见。葛旟是司马冏亲政时的权臣，对顾荣之才干颇为认可。他曾对冯熊说："荣江南望士，且居职日浅，不宜轻代易之。"[2] 纵然顾荣"终日昏酣，不综府事"，葛旟也认为其人堪用。顾荣能从主簿改任中书侍郎这样的清显官职，多赖葛旟采纳冯熊建议后向司马冏进言。也即是说，葛旟客观上帮助了顾荣在仕途上的避险。据史载，葛旟乃一直臣。当司马冏被河间王司马颙假借密诏上表声讨之际，葛旟曾怒诉真相、仗义护主，其言使"百官震

---

[1] ［唐］房玄龄等：《晋书》，中华书局1974年版，第1812页。
[2] ［唐］房玄龄等：《晋书》，中华书局1974年版，第1812页。

悚，无不失色"[1]。由此，审视顾荣"以讨葛旟功"而获封赏之事，无论对其身负的士林清誉还是名门家风而言，都是一处难以抹去的污点。

司马冏被诛后，顾荣又被长沙王司马乂收罗。《晋书》对司马乂的评价颇佳，谓之：

> 材力绝人，忠概迈俗，投弓披门，落落标壮夫之气；驰车魏阙，懔懔怀烈士之风。虽复阳九数屯，在三之情无夺。抚其遗节，终始可观。[2]

司马乂最后被东海王司马越借司马颙部将张方之手烧死在洛阳郊外的金墉城中。对此，《晋书》中亦有惋惜之辞，是云："长沙奉国，始终靡慝；功亏一篑，奄罹残贼。"[3]

---

[1]［唐］房玄龄等：《晋书》，中华书局1974年版，第1610页。

[2]［唐］房玄龄等：《晋书》，中华书局1974年版，第1627页。

[3]［唐］房玄龄等：《晋书》，中华书局1974年版，第1628页。

政治斗争是残酷和冷血的。"八王之乱"中，为争权夺势，西晋诸王公骨肉间离、弟兄相害，司马伦、司马冏、司马乂等作为政治漩涡中心人物，死得并不无辜。他们麾下的士人群体心态也在不经意间显出"天下多故"之际的某种一致性。司马乂生前颇得臣僚拥护，其罹难亦有冤情，史载：

> 乂将殡于城东，官属莫敢往，故掾刘佑独送之，步持丧车，悲号断绝，哀感路人。张方以其义士，不之问也。[1]

可见，在事端频发、凶险难料的乱局中，中原士人大多枉顾节操，又岂能对顾荣一类易朝而仕的吴中降臣特加苛求呢？能够战战兢兢、全身远祸，或者长袖善舞、谋得荫庇，已属万幸。

而二陆的命运在司马颖那里走到了尽头。他们没

---

[1] [唐] 房玄龄等：《晋书》，中华书局1974年版，第1615页。

有听从顾荣等人的劝告,徒留下"华亭鹤唳"的哀歌。顾荣则终于认清时局,借机回吴,为自己赢得了人生的转机。《晋书·顾荣传》载:

> 惠帝幸临漳,以荣兼侍中,遣行园陵。会张方据洛,不得进,避之陈留。及帝西迁长安,征为散骑常侍,以世乱不应,遂还吴。东海王越聚兵于徐州,以荣为军咨祭酒。[1]

想来,此时身处吴中的顾荣虽又被东海王司马越收作僚属,却是避居故土,应该再不会有身处司马冏帐下的那种生死焦灼了吧!

四

"八王之乱"后期,安徽庐江人陈敏因平定流民

---

〔1〕[唐]房玄龄等:《晋书》,中华书局1974年版,第1812页。

起义性质的"张昌之乱"有功,由广陵度支擢广陵相,权倾江东。《晋书·陈敏传》云:"时惠帝幸长安,四方交争,敏遂有割据江东之志。"[1] 此人虽出身寒素,但其政治野心却与江东大族保全本土利益之愿不谋而合,从而得到了吴地士人名义上的拥护。彼时,二陆已罹难于北地,顾荣作为吴中名士首望,言行更加举足轻重。《晋书·陈敏传》说顾荣是"伪从之"[2],《晋书·华谭传》说顾荣是"先受敏官,而潜谋图之"[3],看似都肯定了顾荣的先见,但用语几近回护,反倒是《晋书·顾荣传》中"荣数践危亡之际,恒以恭逊自勉"[4] 的表述更符合其出仕西晋后的心路历程。

顾荣入洛的本意原与二陆一样,是为了谋功名、

---

[1] [唐]房玄龄等:《晋书》,中华书局1974年版,第2614—2615页。
[2] [唐]房玄龄等:《晋书》,中华书局1974年版,第2615页。
[3] [唐]房玄龄等:《晋书》,中华书局1974年版,第1453页。
[4] [唐]房玄龄等:《晋书》,中华书局1974年版,第1812页。

振家声，但西晋王公权贵之间的频繁内斗和派系倾轧使他明白：无根之木，岂可成林；皮之不存，毛将焉附？在中原朝不保夕的乱局中，政治心态上的务实和功利是苟活于朝堂的必要前提；在脱离险境、返回旧域后，凝聚本土大族势力则是确保自身权益的真实基础。于是，当陈敏对江东士族有所猜忌，"欲诛诸士人"[1]以立威固权时，顾荣谏言道：

> 中国丧乱，胡夷内侮，观太傅今日不能复振华夏，百姓无复遗种。江南虽有石冰之寇，人物尚全。荣常忧无窦氏、孙、刘之策，有以存之耳。今将军怀神武之略，有孙吴之能，功勋效于已著，勇略冠于当世，带甲数万，舳舻山积，上方虽有数州，亦可传檄而定也。若能委信君子，各得尽怀，散蒂芥之恨，塞谗谄之口，则大事可

---

[1] [唐]房玄龄等：《晋书》，中华书局1974年版，第1812页。

图也。[1]

从中可见，顾荣代表江东士族置阶级差别于身后，委屈求和，同意了陈敏割据称雄的想法。陈敏也采纳了顾荣的意见，"悉引诸豪族委任之"[2]，期待着共谋之下，或可双赢。然而，陈敏终究并无"孙吴之能"，其人"凡才无远略，一旦据有江东，刑政无章，不为英俊所服，且子弟凶暴，所在为患"[3]。这才导致江东士人对他悄然背离、另做打算。比间，对于个人利弊，顾荣也不乏考量。既经历过陈敏当初主政江东时意图诛杀南士的险情，他理应虑及陈敏及其子弟亲信对自己的猜忌。《晋书·陈敏传》有云："周玘、顾荣之徒常惧祸败。"[4]可谓一语道破。

---

[1] [唐]房玄龄等：《晋书》，中华书局1974年版，第1812—1813页。
[2] [唐]房玄龄等：《晋书》，中华书局1974年版，第1813页。
[3] [唐]房玄龄等：《晋书》，中华书局1974年版，第2617页。
[4] [唐]房玄龄等：《晋书》，中华书局1974年版，第2617页。

还须提及的是，时任东海王司马越军咨祭酒的江东名士华谭听闻顾荣等江东士族代表委身陈敏后，曾义正词严地给顾荣写信，用人臣道义和阶级差别劝其万不可"辱身小寇之手，以蹈逆乱之祸"[1]，并向其通报了朝廷防备割据、志在统一的威慑性军事布局。华谭的言论气质让人想到陆机，其来信也对顾荣、周玘等江东士族代表的反正起到了重要的助推作用。但就促进顾荣等人政治抉择的内因而言，更在于他们认可了华谭对陈敏所作"仓部令史，七第顽冗，六品下才，欲蹑桓王之高踪，蹈大皇之绝轨，远度诸贤，犹当未许也"[2]的判断。这从顾荣私下策反身为陈敏姻亲的统兵将领甘卓之言中可以得到印证。其言云：

若江东之事可济，当共成之。然卿观事势当有济理不？敏既常才，本无大略，政令反覆，计

---

[1] [唐] 房玄龄等：《晋书》，中华书局 1974 年版，第 2617 页。

[2] [唐] 房玄龄等：《晋书》，中华书局 1974 年版，第 2617 页。

无所定，然其子弟各已骄矜，其败必矣。而吾等安然受其官禄，事败之日，使江西诸军函首送洛，题曰逆贼顾荣、甘卓之首，岂惟一身颠覆，辱及万世，可不图之！[1]

田庆余先生在评论此事时认为：

> 华谭此信，显然是受命于司马越、王衍，目的是告诫南士，如果要保障江东士族利益，只有反戈一击，消灭陈敏，与司马越合作。顾荣、甘卓、纪瞻同华谭一样，都曾居司马越幕府，遂与周玘定策灭敏。[2]

这也强调了顾荣等人政治取舍的核心标准：江东士族利益。

---

[1] [唐]房玄龄等：《晋书》，中华书局1974年版，第1813页。
[2] 田庆余：《东晋门阀政治》，北京大学出版社2012年版，第20页。

陈敏事败被诛后，顾荣因功"征拜侍中"[1]，赴中原就任途中见"永嘉之乱"方兴未艾，就在安徽彭城掉头，轻舟还吴，自此再不北上，终老故乡。顾荣去世后，主政江东的琅琊王司马睿"临丧尽哀，欲表赠荣"[2]，本欲"依齐王功臣格"[3]予以追谥，但在吴郡内史殷祐上书力陈顾荣以平定陈敏之乱为代表的生前功绩后，又将规格提升，以朝廷功臣论，列于经国纪功之班。东晋建立后，成为晋元帝的司马睿又追封顾荣"为公，开国，食邑"[4]。可见，顾荣能功垂后世、倍极哀荣，其在陈敏之乱中的政治抉择乃最重要的原因。

如果说顾荣入洛后委曲求全尚难自保、反复权衡亦觉前途渺茫的话，返吴后的他则可谓精心斡旋、审

---

[1] [唐] 房玄龄等：《晋书》，中华书局1974年版，第1813页。

[2] [唐] 房玄龄等：《晋书》，中华书局1974年版，第1814页。

[3] [唐] 房玄龄等：《晋书》，中华书局1974年版，第1814页。

[4] [唐] 房玄龄等：《晋书》，中华书局1974年版，第1815页。

时据势,奋力施为、志在必得。当今学者王永平在详细考察了顾荣入洛仕进之遭遇及其在东晋建国过程中的作用后指出:

> 顾荣作为江东文化士族之代表、地域社会之领袖,他在两晋之交巨大的历史转折关头,经过痛苦抉择,断然抛弃寻求地方割据自保的念头,接引流迁之中土士族,参与创建东晋之活动。此举意义重大,影响深远。[1]

其意义首先在于"避免南北士族社会上层的军事对抗与冲突,维护了江东的稳定,这为接纳中州士庶流民提供了前提条件"[2],其次在于顾荣等人联合以王导为核心的北方士族领袖一道"消弭南北社会矛

---

[1] 王永平:《江东地域社会与两晋社会阶层升降——以顾荣入洛仕进之遭遇及其在东晋立国过程中的作用为中心》,《学习与探索》2013年第2期,第154页。

[2] 王永平:《江东地域社会与两晋社会阶层升降——以顾荣入洛仕进之遭遇及其在东晋立国过程中的作用为中心》,《学习与探索》2013年第2期,第152页。

盾，整合南北士族力量以共同抵御外辱、延续晋祚与华夏文明传统于江南"[1]，最深远的作用则在于"衣冠南渡"自此肇始——这成为此后屡遭劫难的华夏文明得以长期发展的一种模式。[2]

在东晋政局草创时期，顾荣作为江东士族代表极得司马睿和王导的信任与敬重，大力推荐和提携了诸多本土士人进入司马睿幕下效力，不仅壮大了南士的政治力量，其家道亦随之复兴。可以说，吴中大族后裔高居朝堂的心愿在顾荣身上得到较圆满的实现，他凭借过人的隐忍和机敏的权衡笑到了最后。

陈寅恪先生在谈及"永嘉之乱"前后"北强南弱"的政治局势时指出：

> 单凭顾荣是否能以南人的力量不令胡马过

---

[1] 王永平：《江东地域社会与两晋社会阶层升降——以顾荣入洛仕进之遭遇及其在东晋立国过程中的作用为中心》，《学习与探索》2013年第2期，第154页。
[2] 王永平：《江东地域社会与两晋社会阶层升降——以顾荣入洛仕进之遭遇及其在东晋立国过程中的作用为中心》，《学习与探索》2013年第2期，第154页。

江，是有问题的。为江东及本身利害计，江东士族也非与北方士族协力同心，以阻胡骑不可。南北界限比起夷夏界限，又微不足道了。[1]

该论断清晰地点明了作用于顾荣等魏晋易代时期成熟政治人物的文化心理要素。他们既具深厚儒学背景，又不乏阶级形势考量；既欲维护本土利益，又顾及个人前途声望。因此，在民族大义面前，首结炎黄之盟；于同朝相争之际，先择保土之方；当濒临祸难之时，但求全身之策。谯周劝刘禅而顺司马，顾荣弃陈敏而拥晋室；蜀汉大儒乡贤、孙吴望族子弟，易代事迹有别，心途实相类同也。

五

顾荣劝陆机返吴之前，张翰也来劝过顾荣。《世

---

[1] 陈寅恪：《魏晋南北朝史讲演录》，万绳楠整理，贵州人民出版社2008年版，第132页。

说新语·识鉴》第十条刘孝标注引《文士传》曰：

> 大司马齐王冏辟为东曹掾。翰谓同郡顾荣曰："天下纷纷未已，夫有四海之名者，求退良难。吾本山林间人，无望于时久矣。子善以明防前，以智虑后。"荣捉其手，怆然曰："吾亦与子采南山蕨，饮三江水尔！"翰以疾归，府以辄去除吏名。[1]

张翰所任齐王东曹掾之职握有幕府中一定的人事权力，虽非核心要员，但应不乏介入政事、了解政情的机会。在纷乱的时局中，他明确地为自己做出了身份定位，主动终止了自己的仕途。作为吴中大姓之后裔，张翰将自己归为"山林间人"，以"无望于时"表明心迹。同时，他也含蓄地向好友顾荣指出，像顾荣这样"有四海之名"的士人要想退隐并不容易，并

---

〔1〕［南朝·宋］刘义庆撰：《世说新语笺疏》，余嘉锡笺疏，中华书局 2007 年版，第 467 页。

希望顾荣遇事三思、谨慎从事。那时的顾荣正处于仕途中最为焦灼之际，面对好友的告别，念及自身的处境，怆然作答中除了感动于好友的体谅与关心，更多的恐怕还是无法超脱于乱世的无奈吧！

与踏入政坛类似，张翰退出之时也用了一种避谈政治的方式。《世说新语·识鉴》第十条云：

> 张季鹰辟齐王东曹掾，在洛见秋风起，因思吴中菰菜羹、鲈鱼脍，曰："人生贵得适意尔，何能羁宦数千里以要名爵！"遂命驾便归。俄而齐王败，时人皆谓为见机。[1]

这种"菰鲈之思"的优美较陶渊明的"归去来兮"犹有过之，"人生贵得适意"堪比嵇康"越名教而任自然"的旷达。《世说新语·任诞》第二十条载曰：

---

〔1〕［南朝·宋］刘义庆撰：《世说新语笺疏》，余嘉锡笺疏，中华书局2007年版，第467页。

张季鹰纵任不拘，时人号为"江东步兵"。或谓之曰："卿乃可纵适一时，独不为身后名邪？"答曰："使我有身后名，不如即时一杯酒！"[1]

后世据此将张翰与阮籍（阮步兵）视为同类，然细较之下，顾荣醉酒避祸之举更似阮籍，张翰的言论则很有刘伶《酒德颂》中"俯观万物，扰扰焉如江汉之载浮萍"[2]的风度。有研究者曾用"玄化人格"的概念来定位张翰在西晋士人群体中的特殊品性[3]，其论断不乏道理，但将此"玄化人格"的形成归结为家风熏陶的产物则不够准确。张翰之父张俨受吴后主孙皓派遣入洛吊祭司马昭，临行前慨然诺曰：

---

[1]［南朝·宋］刘义庆撰：《世说新语笺疏》，余嘉锡笺疏，中华书局 2007 年版，第 869 页。

[2]［南朝·梁］萧统：《文选》，上海古籍出版社 1986 年版，第 2099 页。

[3] 参见宋展云《论张翰玄化人格及其文风》（《名作欣赏》2011 年第 14 期）中相关内容。

> 皇皇者华，蒙其荣耀，无古人延誉之美，磨厉锋锷，思不辱命。[1]

入洛后，张俨力践斯言，虽病故于归途而无憾，彰显了国士不屈之节。较此，张翰或自称疾或谓思乡的"命驾便归"则更像是有心追慕"游乎四海之外，死生无变于己，而况利害之端乎"[2]的"至人"之道了。

若在华谭看来，张翰率性归乡之举乃"泛舟河渭，击楫清歌"[3]一类，比不上"与诸贤效冀紫宸，建功帝籍"[4]。但若依陆喜之论，张翰这样做并不亚于"避尊居卑，禄代耕养，玄静守约，冲退澹

---

[1] [西晋]陈寿：《三国志》，中华书局1959年版，第1166页。

[2] [清]郭庆藩撰：《庄子集释》，王孝鱼点校，中华书局2012年版，第102页。

[3] [唐]房玄龄等：《晋书》，中华书局1974年版 第2617页。

[4] [唐]房玄龄等：《晋书》，中华书局1974年版．第2617页。

然"[1]，较之"侃然体国思治，心不辞贵，以方见惮，执政不惧"[2]，其格调更高。华谭是与顾荣声望相当的吴中名士，陆喜是二陆的堂叔，从他们所持不同评判标准中，可以窥见改朝换代后的出处行状在归晋吴士群体中是一个颇具争议的话题——仕或隐、进或退，不同群体在心态上的倾向有异，不同个体在行动上的选择有别。然而，对顾荣这样精明务实的高级官员和张翰这样个性十足的贵族文人来说，家风对他们生命中的重要政治抉择其实并无太大的影响。

《世说新语·伤逝》第七条有云：

> 顾彦先平生好琴，及丧，家人常以琴置灵床上。张季鹰往哭之，不胜其恸，遂径上床，鼓琴，作数曲竟，抚琴曰："顾彦先颇复赏此不？"

---

[1]［唐］房玄龄等：《晋书》，中华书局 1974 年版，第 1486 页。
[2]［唐］房玄龄等：《晋书》，中华书局 1974 年版，第 1486 页。

因又大恸,遂不执孝子手而出。[1]

张翰与贺循因琴结交,悦而入洛;张翰吊顾荣不言其功业,但伤知音故去。可见撼动张翰内心的始终不是政治。张翰流传至今的诗文也几乎与魏晋易代之际的乱世无涉。《赠张弋阳诗》中有"散缨放冕,负剑长吟"[2]之句,豪迈超拔直追嵇康的"目送归鸿,手挥五弦"[3];《杂诗》中"青条若总翠,黄华如散金"[4]一联,被李白激赏为"风流五百年"[5]之笔。张翰的文人志趣与名士风度浑然一体、怡然自

---

[1] [南朝·宋]刘义庆撰:《世说新语笺疏》,余嘉锡笺疏,中华书局2007年版,第753页。
[2] 逯钦立:《先秦汉魏晋南北朝诗》,中华书局1983年版,第736页。
[3] [南朝·梁]萧统:《文选》,上海古籍出版社1986年版,第1129页。
[4] [南朝·梁]萧统:《文选》,上海古籍出版社1986年版,第1377页。
[5] 李白《金陵送张十一再游东吴》诗中云:"张翰黄花句,风流五百年。谁人今继作?夫子世称贤。"([唐]李白著:《李白集校注》,瞿蜕园、朱金城校注,上海古籍出版社2007年版,第1033页。)

足，仕途由此成为他乘兴而往、率性而去的身外事。他的政治心态既不会如二陆般囿于儒家道德框范，亦不会如顾荣般受制于政治功利的计算。促使张翰做出人生重大抉择的毋宁说是一种诉诸感官的直觉与真情，如美酒佳肴之于味，青条黄华（花）之于眼，鼓琴长吟之于耳，秋风负剑之于身。

二陆一生思乡怀土、情郁于中，其诗文书札、历历在册，但毕生未能毅然南归，华亭之叹，既悲且哀。他们的政治心态和文人志趣发生了背离。顾荣是典型的政治家，伺机而行、谋定后动，分炙施恩、终获报偿。相比之下，张翰的卓尔不群之处绝非仅止于世俗意义上的"见机"，更在于一种真心率性赢得的开怀。身为名门后裔，他嗜酒好琴，念念不忘吴中菰菜羹和鲈鱼脍的滋味，看破"羁宦数千里以要名爵"的虚妄，感秋风起、思吴中肴，传下"使我有身后名，不如即时一杯酒"的佳话，也成全了后世无数文人诗意的栖居。

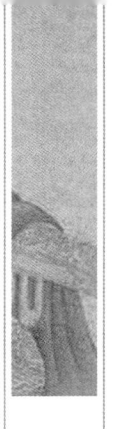

杂论篇

二陆入洛动机及时间考

陆机、陆云的入洛不仅是他们人生命运的转折点，也是归晋吴士投奔中原、趋赴仕途的标志性事件。二陆入洛的动机及时间因此成为后世学者注目的问题。在此需先行说明的是，不少学者据陆机诗作《赠弟士龙》中"洪波电击，与众同泯。颠跋西夏，收迹旧京"[1]等句和陆云诗作《答兄平原》中"予昆乃播，爰集朔土。载离永久，其毒太苦。上帝休

---

[1] [西晋]陆机著：《陆士衡文集校注》，刘运好校注，凤凰出版社2007年版，第1147页。

命，驾言其归"[1]等语认为，陆机曾在吴亡之后被俘入洛或被徙于寿阳。然细审二诗可知，上述两种推测均不可靠。

首先，陆机《赠弟士龙》中包含着一种追忆视角，其具体情景当如刘运好先生所分析的那样：

> 元康六年（296）冬，陆机由吴王郎中令迁尚书中兵郎，陆云继任吴王郎中令，因吴王所镇之淮南离东吴较近，陆机在离任回洛之前告假，并约与即将上路的陆云同归故里。[2]

诗中提到的"旧京"应是指孙吴旧京建业（今江苏南京），而不是指东汉旧京洛阳。据此，陆云答诗

---

[1] [西晋]陆云著：《陆士龙文集校注》，刘运好校注，凤凰出版社2010年版，第392－393页。

[2] 刘运好：《陆机陆云考论》，中华书局2020年版，第74页。关于陆机《赠弟士龙》和陆云《答兄平原》的创作时间及二者彼此印证情况的论述，详见刘运好《陆机陆云考论》（中华书局2020年版）附编《二陆年谱、作品系年辨证》和该书第二章《生平著述考》中《行迹中的几个疑点》一节。

中的"予昆"即指陆机，而非陆晏、陆景或陆玄。[1]至于"爰集朔土"和"载离永久"之谓，则是陆云对自己和陆机入洛后多年远离故土、心有哀苦的感叹。

其次，自陆抗去世后，陆晏、陆景均乏将才，二陆更复年幼（均不满十五岁），皆无力承领重兵，陆家作为大将之家的地位迅速衰落。待西晋伐吴之际，陆晏、陆景战死，二陆及陆耽均系文士，不足为患，西晋朝廷实无着意防备的必要，反倒可以施以怀柔、允许其家族退隐，以利于笼络吴地人心。

最后，对于家国之念甚重的二陆而言，若真有被俘入洛或被徙于寿阳的经历，必是终生难忘的记忆，当在其诗文中有较为具体的记录，不该像《赠弟士龙》和《答兄平原》中表现出的那样语焉不详。

---

〔1〕据《三国志·吴书·陆抗传》记载，二陆有兄三人（陆晏、陆景、陆玄）、弟一人（陆耽）。其中，陆晏、陆景在西晋伐吴时被王濬别军所杀。又据陆机《吴贞献处士陆君诔》中所述情况判断，陆玄应是因病早夭。参见刘运好《陆机陆云考论》（中华书局2020年版）第二章《生平著述考》中《姊妹与兄玄的问题》一节。

一

关于陆机入洛的动机,学界主要争议之处在于其人究竟是"应辟"入洛还是与"应诏"入洛。

"应辟说"在文献方面的直接证据至少有三处。其一,《文选》卷十六载陆机《叹逝赋》注引王隐《晋书》:

> 陆机,字士衡,吴郡人也。少为牙门将军。吴平,太傅杨骏辟为祭酒,转太子洗马。[1]

其二,《文选》卷十七载其《文赋》,注引臧荣绪《晋书》亦曰:

> 机少袭领父兵,为牙门将军。年二十而吴

---

[1] [南朝·梁]萧统:《文选》,上海古籍出版社1986年版,第723页。

灭，退临旧里，与弟云勤学，积十一年。誉流京华，声溢四表，被征为太子洗马，与弟云俱入洛。[1]

其三，陆机所作《诣吴王表》中有言：

> 臣本吴人，靖居海隅。朝廷欲抽引远人，绥慰遐外。故太傅所辟，殿下东到淮南，发诏以臣为郎中令。[2]

从中可见，陆机先应太傅杨骏之辟，而后转任别职。此外，陆机赴洛途中写就的《赴洛》《赴洛道中作》二诗及后来写给陆云的《于承明作与士龙》一诗中都有词句可以表明其迫于征命而入洛出仕的心境。《文选》卷二十四所载潘安仁《为贾谧作赠陆机》一

---

[1] [南朝·梁]萧统：《文选》，上海古籍出版社1986年版，第761页。
[2] [西晋]陆机著：《陆士衡文集校注》，刘运好校注，凤凰出版社2007年版，第1261页。

诗中也有"况乃海隅，播名上京。爰应旌招，抚翼宰庭"[1]之句，可以作为其"应辟"出仕的旁证。

"应诏说"的主要证据源于《晋书·武帝纪》所载太康九年（公元288年）事。其文曰：

> 九年春正月壬申朔，日有蚀之。诏曰："兴化之本，由政平讼理也。二千石长吏不能勤恤人隐，而轻挟私故，兴长刑狱，又多贪浊，烦挠百姓。其敕刺史二千石纠其秽浊，举其公清，有司议其黜陟。令内外群官举清能，拔寒素。"[2]

又，《晋书·陆机传》载：

> 至太康末，与弟云俱入洛，造太常张华。华素重其名，如旧相识，曰："伐吴之役，利获二

---

[1] ［南朝·梁］萧统：《文选》，上海古籍出版社1986年版，第1152—1153页。
[2] ［唐］房玄龄等：《晋书》，中华书局1974年版，第78页。

俊。"……张华荐之诸公。后太傅杨骏辟为祭酒。[1]

姜亮夫先生在《陆平原年谱》中将以上两则材料相联系,作为陆机于太康十年(公元289年)应诏入洛的证据链。

然细读《晋书·陆机传》所载陆机、陆云造访张华之事,其文意上似乎显示二陆入洛后经张华推荐方被辟召,但事实上应是人未到、声先传,所谓"华素重其名,如旧相识"者,即是形容彼此神交之貌。真实的历史情形很可能如下:张华闻二陆之名后便在朝中为他们扬誉,杨骏等权贵得知后,便指名道姓地下令辟召。由此可见,"应诏说"所依傍的史料证据属孤证,其证据链相当脆弱,只能作为政治背景。与之相较,"应辟说"更具体,也更合理。

---

[1] [唐]房玄龄等:《晋书》,中华书局1974年版,第1472-1473页。

二

陆机究竟何时入洛，当今学界看法不同。其中主流看法有两种：一是太康十年（公元289年）入洛说，二是永熙元年（公元290年）入洛说。前者以姜亮夫、姜剑云、刘运好为代表，后者以曹道衡、徐公持为代表。

姜亮夫在《陆平原年谱》中认为陆机应于太康十年首次应诏入洛，主要依傍的乃是前述《晋书·陆机传》和《晋书·武帝纪》中相关记载所构成的证据链。[1]

姜剑云和刘运好均认为陆机首次入洛是应杨骏的辟召。但姜剑云的论断虽提及杨骏官至太傅乃是永熙元年（公元290年）五月之事，却并未清楚地说明其

---

[1] 姜亮夫：《姜亮夫全集》（二十二），云南人民出版社2002年版，第331页。

与陆机"太康十年入洛说"的相立关系。[1] 刘运好在《陆机籍贯与行迹考论》一文中则认为，王隐《晋书》及唐修《晋书》所谓"太傅杨骏辟为祭酒"之事，乃言杨骏官至太傅前闻二陆声名而下令辞召，那时拟给予陆机的官职或为其他（并非"祭酒"）。谓之"太傅杨骏"，其意似循史家著书旧例——以杨骏在陆机就任太傅祭酒后所任官职作称呼。[2] 相比徐公持仅据王隐《晋书》中"太傅杨骏辟为祭酒"之语认为陆机于永熙元年入洛[3]，刘运好的判断显然更加严谨。

但刘运好之说亦存在难以圆满解释的问题，即臧荣绪《晋书》何以有"退临旧里，与弟云勤学，积十一年"之语？倘因《晋书·陆机传》所载"太康末"是虚数而推断其所言陆机"退居旧里，闭门勤学，积

---

[1] 姜剑云：《太康文学研究》，中华书局2003年版，第236－237页。
[2] 刘运好：《陆机籍贯与行迹考论》，《南京师大学报》（社会科学版）2010年第4期，第127－128页。
[3] 徐公持：《浮华人生——徐公持讲"西晋二十四友"》，天津古籍出版社2010年版，第179页。

有十年"[1]中的"十年"可能是概指,则臧氏所言"十一年"乃实数。且臧氏所撰之《晋书》成书在前,唐修《晋书》为何不采其说?再者,《世说新语·尤悔》第三条("华亭鹤唳")注引《八王故事》云:

> 华亭,吴由拳县郊外墅也,有清泉茂林。吴平后,陆机兄弟共游于此十余年。[2]

该处记载虽出自杂书,但"十余年"之意却与"十一年"相契(《世说新语》成书时间亦与臧荣绪《晋书》相去不远)。依据臧荣绪《晋书》,曹道衡先生判断陆机入洛是在杨骏任太傅之后,并认为这符合陆机被迫应辟的心境。他还引用陆机《叹逝赋·序》中的句子作为旁证,是云:

---

[1] [唐]房玄龄等:《晋书》,中华书局1974年版,第1467页。
[2] [南朝·宋]刘义庆撰:《世说新语笺疏》,余嘉锡笺疏,中华书局2007年版,第1050页。

> 余年方四十,而懿亲戚属,亡多存寡;昵交密友,亦不半在。或所曾共游一途,同宴一室,十年之内,索然已尽。以是思哀,哀可知矣![1]

此处,曹道衡案曰:

> 陆机生于吴永安四年(261),他四十岁那年为晋惠帝永康元年(300)。从此上推十年,正好是太熙(或永熙元年290)。他为什么要特别提到这十年,就因为他是太熙元年离开家乡。[2]

曹道衡之说看似合情理地解决了臧氏《晋书》与唐修《晋书》在陆机入洛时间陈述上的矛盾,但为兼顾"太傅"杨骏辟召陆机之事,却不慎犯了一个知识错误。曹道衡云:

---

[1] [西晋]陆机著:《陆士衡文集校注》,刘运好校注,凤凰出版社2007年版,第180—181页。
[2] 曹道衡:《中古文史丛稿》,河北大学出版社2003年版,第188页。

因为陆机从家乡出发的时间既为太熙元年，而据《赴洛》第一首"谷风拂修薄，油云翳高岑"；《赴洛道中作》第一首"哀风中夜流"；第二首"顿辔倚嵩岩，侧听悲风响。清露坠素辉，明月一何朗"等句看来，当为夏历八月间景色。[1]

于是，曹道衡认为陆机赴洛时间应该在杨骏官至太傅之后。

对此，刘运好提出了异议，他认为，"谷风拂修薄"中的"谷风"乃是东风，所写之景乃是春景，因此陆机赴洛是在春天，故而曹道衡所持陆机应太傅杨骏之辟于太熙元年入洛之说不成立，其入洛时间当在太康十年春。[2] 该判断中，对"谷风"之所指考解

---

[1] 曹道衡：《中古文史丛稿》，河北大学出版社2003年版，第188页。
[2] 刘运好：《陆机籍贯与行迹考论》，《南京师大学报》（社会科学版）2010年第4期，第128页。

正确。《国风·邶风》有云:"习习谷风,以阴以雨。"[1] 郑笺曰:"东风谓之谷风,阴阳和而谷风至。"[2] 孔疏云:"习习然,和舒之谷风。以阴以雨,而润泽行、百物生矣。"[3] 陆云诗《赠郑曼季往返八首》之《谷风》中亦云:"习习谷风,扇此暮春。"[4] 从二陆的学统上可以断定:在二人的上述诗作中,"谷风"一词的用义皆源出《诗经》。所以,"谷风"在上述陆机诗中均应释为东风或春风。

由此可知,曹道衡所持陆机历夏入洛之说有误。刘运好未从其论,而另做了一番推测,即臧荣绪或认为陆机被辟召乃是永熙元年(公元290年)五月杨骏任太傅后发生的事,由此将时间节点倒推至吴亡而陆机退居旧里之起点,正好得出所谓"十一年"之数。

---

[1]《十三经注疏》(嘉庆刊本),[清]阮元校刻,中华书局2009年版,第639页。
[2]《十三经注疏》(嘉庆刊本),[清]阮元校刻,中华书局2009年版,第639页。
[3]《十三经注疏》(嘉庆刊本),[清]阮元校刻,中华书局2009年版,第639页。
[4][西晋]陆云著:《陆士龙文集校注》,刘运好校注,凤凰出版社2010年版,第422页。

而对于《文选》李善注引臧荣绪《晋书》所载"太熙末,太傅杨骏辟机为祭酒"[1]之事,刘运好认为,此系李善引书有误——杨骏任太傅时,西晋已改元永熙,循史例,应言"永熙初"。

刘运好关于李善引书有误的判断合理。据此,臧荣绪《晋书》所载陆机在吴"积学十一年"的说法确有可能是臧氏自行推定的结果。所以,在无其他更新证据的条件下,刘运好先生的推测应属目前最具可信度的说法。但其说稍嫌美中不足之处在于若陆机入洛乃太康十年(公元289年)春之事,则其到达洛阳后尚距杨骏官升太傅有近一年的时间。那么,既是应辟而来,为何现存史籍文献中皆未记载陆机就任太傅祭酒之前所居何职、所行何事呢?以陆机的世族出身、学识才干、志趣性格及其赴洛途中的心境而论,他应该不会盲目应辟,他也并非安于闲游、坐等指派之辈。虽然陆机入洛初期与中原士人言语相抵牾的一些

---

[1] 注见《文选》所录潘安仁《为贾谧作赠陆机》一诗。[南朝·梁]萧统:《文选》,上海古籍出版社1986年版,第1154页。

历史记载或暗示其遭逢冷遇、心有不满,但这并不能作为其赋闲待用的实证,难以充分支持"太康十年入洛说"。

比较曹、刘二人之说,后者的论证虽更翔实周瞻,但前者亦不乏可取之处。值得注意的是,结合二者之长短后,还能引出一个新的问题:陆机是否会在太熙年间[1]入洛?结合陆机被迫应辟的心境及其恋乡情结的诸多表现,或能在假设的历史场景中做出这样一种推断:陆机于太康十年岁末收到杨骏的辟令,思虑再三,守岁家中,待年后方始启程入洛。于是,其人于太熙元年(公元290年)初春出发,在暮春或初夏抵达洛阳。入洛时,西晋已改元为永熙,杨骏已官升太傅,恰可谓被"太傅杨骏"所辟。窃以为,在学界尚无定论之际,调和各说,将陆机入洛的时间放在这一时段也未尝不可。

---

[1] 永熙年起始时本号太熙,因晋武帝于是年四月驾崩,惠帝继位,遂改元永熙,太熙年号只使用了不足四个月。

三

因陆云未如陆机般有专门书写自己入洛心情的诗文传世,且涉及其入洛事迹的史料中缺乏能明确查考的时间线索,学界便将解决二人入洛时间问题的关键系于对陆机入洛时间的探析上。通过对陆机入洛时间的推测,并据臧荣绪《晋书》和唐修《晋书》中对二陆共同入洛情况的记载,基本可以认定陆云入洛即使未与陆机同行(陆机《赴洛》《赴洛道中作》二诗均未言及陆云),也理当不会于隔年入洛。因此,遵循前文的考辨思路,不难得出判断:陆云入洛时间应是在永熙元年(公元290年)五月之后。

至于陆云入洛的动机,固然无法回避太康九年(公元288年)晋武帝征召贤能的政策背景,但具体而言,应辟出仕的可能性亦远大于应诏。《三国志·吴书·陆抗传》裴注引《机云别传》载曰:"晋太康末,俱入洛,造司空张华,华一见而奇之……遂为之延誉，荐之诸公。"[1] 这与《晋书·陆机传》和《晋书·陆云传》中的记载基本相同，表明陆云入洛后与陆机一样受到了张华的赏识和推荐。《晋书·陆云传》又载："俄以公府掾为太子舍人，出补浚仪令。"[2] 由陆机应辟出仕的经历可知，其先任太傅杨骏府中的祭酒一职，后任太子洗马。以此类推，则陆云也很可能是先被杨骏辟为公府掾，而后又出任了太子舍人一职。

总之，二陆应是有感于太康九年（公元288年）晋武帝的征召政策，受惠于中原名士领袖张华的推荐，从而被西晋权臣杨骏所关注和辟召。他们二人一道（或兄先弟后）来到洛阳，在永熙元年（公元290年）同朝为官，由此开启了各自后半生坎坷跌宕的政治命运。

---

[1] [西晋]陈寿：《三国志》，中华书局1959年版，第1360页。
[2] [唐]房玄龄等：《晋书》，中华书局1974年版，第1482页。

附：陆机《叹逝赋》（并序）

昔每闻长老追计平生同时亲故，或凋落已尽，或仅有存者。余年方四十，而懿亲戚属，亡多存寡；昵交密友，亦不半在。或所曾共游一途，同宴一室，十年之外，索然已尽，以是哀思，哀可知矣！乃作赋曰：

伊天地之运流，纷升降而相袭。日望空以骏驱，节循虚而警立。嗟人生之短期，孰长年之能执？时飘忽其不再，老晼晚其将及。怼琼蕊之无征，恨朝霞之难挹。望汤谷以企予，惜此景之屡戢。

悲夫！川阅水以成川，水滔滔而日度。世阅人而为世，人冉冉而行暮。人何世而弗新，世何人之能故。野每春其必华，草无朝而遗露。经终古而常然，率品物其如素。譬日及之在条，恒虽尽而弗悟。虽不悟其可悲，心惆焉而自伤！亮造化之若兹，吾安取夫久长？痛灵根之夙陨，怨具尔之多丧。悼堂构之隤瘁，悯城阙之丘荒。亲弥懿其已逝，交何戚而不忘。咨余今之方殆，何视天之芒芒。伤怀悽其多念，戚貌悴而鲜欢。幽情发而成绪，滞思叩而兴端。惨此世之无乐，咏在昔而为言。

居充堂而衍宇，行连驾而比轩。弥年时其讵几，夫何往而不残。或冥邈而既尽，或寥廓而仅半。信松茂而柏悦，嗟芝焚而蕙叹。苟性命之弗殊，岂同波而异澜。瞻前轨之既覆，知此路之良难。启四体而深悼，惧兹形之将然。毒娱情而寡方，怨感目之多颜。

谅多颜之感目，神何适而获怡。寻平生于响像，览前物而怀之。步寒林以悽恻，玩春翘而有思。触万类以生悲，叹同节而异时。年弥往而念广，途薄暮而意迮。亲落落而日稀，友靡靡而愈索。顾旧要于遗存，得十一于千百。乐隤心其如忘，哀缘情而来宅。托末契于后生，余将老而为客。

然后弭节安怀，妙思天造。精浮神沦，忽在世表。悟大暮之同寐，何矜晚以怨早。指彼日之方除，岂兹情之足搅？感秋华于衰木，瘁零露于丰草。在殷忧而弗违，夫何云乎识道。将颐天地之大德，遗圣人之洪宝。解心累于末迹，聊优游以娱老。[1]

---

[1]［南朝·梁］萧统：《文选》，上海古籍出版社1936年版，第723—727页。

二陆怀乡诗文事迹述略

西晋平吴后,陆机、陆云、顾荣、张翰、贺循等吴中旧士皆因入洛出仕而离乡千里。他们身处异地、心系南土,时有真情切意形于言语、遗响后世。其中,又以二陆怀乡之诗文及相关事迹流传最广。

一

纵观现存二陆怀乡诗文可知,以"陆机入洛"事件为标志,以太康十年(公元289年)为界线,相关创作大略能分成内容风格不同的两期。据刘运好《陆士衡文集校注》中对陆机作品的系年考辨，陆机入洛前的诗文创作较引人注目者有两类：一是以《苦寒行》《从军行》《豫章行》《燕歌行》为代表的"拟古"诗，二是追怀旧邦雄主功业之辞（如《吴大帝诔》）和真挚悼亲之文（《吴丞相江陵侯陆公诔》《吴大司马陆公诔》《吴贞献处士陆君诔》等）。其中，"拟古"之作多仿古题旧体抒怀，但偶有喻托且能附会事迹者，较难考其确旨；而哀诔类文章能对应故国人事，其旨昭然。如：《吴大帝诔》颂孙权伟略，有向慕英雄之心；《吴丞相江陵侯陆公诔》《吴大司马陆公诔》表彰祖父、父亲护国之功，含子孙自矜之意；《吴贞献处士陆君诔》则为昆仲之情的生动写照。可见，闭门积学之际，陆机的乡邦情愫已深种——既包含作为传统儒士的家国之念，也不乏作为东吴大姓子弟维护家声族望的私人情感。此时，陆机对自身的仁隐去从或许已暗做了决断——荣耀乡邦、复兴族业之志理当伺机力践、成其事功。

相较之下，彼时陆云之名虽与兄并称，但声望始终位于其后。臧荣绪《晋书》中先言陆机"誉流京华,声溢四表",后言"与弟云俱入洛",史笔细微处可见差别。陆云入洛前追怀乡邦故事之文,较具代表者有《吴故丞相陆公诔》《晋故散骑常侍陆府君诔》两篇,是为纪念其祖父陆逊、从父陆喜的功业德行而命笔,旨在称扬家世、崇敬贤良,亦是意诚情挚、辞章丰满、悉心渲染之作。

二

入洛后,二陆之名望与才情在吴籍士人群体中皆为高峰。《世说新语·赏誉》第一百四十二条云:

> 吴四姓,旧目云:"张文、朱武、陆忠、顾厚。"[1]

刘孝标注引《吴录士林》曰:

---

[1] [南朝·宋]刘义庆撰:《世说新语笺疏》,余嘉锡笺疏,中华书局2007年版,第582页。

吴郡有顾、陆、朱、张为四姓，三国之间，四姓盛焉。[1]

考诸史料，陆姓声望为彼时四姓之首，以"忠"名世，更见其家风之贞刚。

由于出身显赫，二陆深孚众望，非入洛显才不能振家声，非仕于京畿不能增乡誉。所以，二人虽留恋故园之安居，却仍要在遭逢朝中征辟时割爱别家、趋驾赴命。

在洛阳时，二陆既频繁地交游于西晋权贵之间，为归晋之吴中俊彦谋取见用拔擢的机会，也积极奔走于南人士林，集结朝中的乡党势力。在与西晋权贵的交游中，二陆的乡情邦誉、家族尊严常系于心，尤以"伏膺儒术，非礼不动"[2]的陆机表现得更加突出。潘安仁《为贾谧作赠陆机》其五有云：

---

〔1〕［南朝·宋］刘义庆撰：《世说新语笺疏》，余嘉锡笺疏，中华书局2007年版，第582页。

〔2〕［唐］房玄龄等：《晋书》，中华书局1974年版，第1467页。

长离云谁？咨尔陆生。鹤鸣九皋，犹载厥声。[1]

可见，陆机入洛后，其风采即得西晋权贵之瞩目。

《世说新语·简傲》第五条云：

陆士衡初入洛，咨张公所宜诣，刘道真是其一。陆既往，刘尚在哀制中。性嗜酒，礼毕，初无他言，唯问："东吴有长柄壶卢，卿得种来不？"陆兄弟殊失望，乃悔往。[2]

《世说新语·方正》第十八条云：

卢志于众坐，问陆士衡："陆逊、陆抗，是

---

[1]〔南朝·梁〕萧统：《文选》，上海古籍出版社1986年版，第1153页。
[2]〔南朝·宋〕刘义庆撰：《世说新语笺疏》，余嘉锡笺疏，中华书局2007年版，第904页。

君何物?"答曰:"如卿于卢毓、卢珽。"士龙失色。既出户,谓兄曰:"何至如此,彼容不相知也?"士衡正色曰:"我父祖名播海内,宁有不知,鬼子敢尔!"议者疑二陆优劣,谢公以此定之。[1]

《世说新语·言语》第二十六条云:

陆机诣王武子,武子前置数斛羊酪,指以示陆曰:"卿江东何以敌此?"陆云:"有千里莼羹,但未下盐豉耳!"[2]

即便是在《答贾长渊》这样的立酬诗中,面对潘岳放出"伪孙衔璧,奉土归疆"[3]之言和"在南称

---

[1] [南朝·宋]刘义庆撰:《世说新语笺疏》,余嘉锡笺疏,中华书局2007年版,第354—355页。
[2] [南朝·宋]刘义庆撰:《世说新语笺疏》,余嘉锡笺疏,中华书局2007年版,第104页。(《晋书·陆机传》亦录此事。)
[3] [南朝·梁]萧统:《文选》,上海古籍出版社1986年版,第1153页。

柑，度北则橙"[1]之语，陆机也毅然用"吴实龙飞，刘亦岳立"[2]并"惟南有金，万邦作咏"[3]等句子针锋相对，响亮地宣示了南士之节操。

应加以说明的是，即使二陆入洛后有意以自尊甚至自傲的面目示人，他们的内心却也接受了西晋一统南北乃天命所归这一事实。

陆机在入洛后作雄文《辩亡论》有云：

《易》曰："汤武革命顺乎天。"《玄》曰："乱不极则治不形。"言帝王之因天时也。古人有言曰"天时不如地利"，《易》曰"王侯设险，以守其国"，言为国之恃险也。又曰"地利不如人和"，"在德不在险"，言守险之由人也。吴之兴也，参而由焉，孙卿所谓合其参者也。及其亡

---

[1]［南朝·梁］萧统：《文选》，上海古籍出版社1986年版，第1155页。
[2]［南朝·梁］萧统：《文选》，上海古籍出版社1986年版，第1140页。
[3]［南朝·梁］萧统：《文选》，上海古籍出版社1986年版，第1142页。

也，恃险而已，又孙卿所谓舍其参者也。[1]

从中可见，陆机将孙吴的败亡归结为政失人心、气数已尽。

在《答贾长渊》中，虽有为南士力争尊严之辞，但陆机也诚实地写道：

> 天厌霸德，黄祚告衅。狱讼违魏。讴歌适晋。陈留归藩，我皇登禅。庸岷稽颡，三江改献。[2]

《赠冯文罴迁斥丘令》中亦有云：

> 于皇圣世，时文惟晋。受命自天，奄有

---

[1] [西晋]陆机著：《陆士衡文集校注》，刘运好校注，凤凰出版社2007年版，第1027页。
[2] [南朝·梁]萧统：《文选》，上海古籍出版社1986年版，第1140页。

黎献。[1]

相比陆机,陆云入洛后对西晋歌功颂德的文字不太客观,近乎口号式的政治表态,以致被后人视作谀辞。例如《征东大将军京陵王公会射堂皇太子见命作此诗》《太安二年夏四月大将军出祖王、羊二公于城南堂皇被命作此诗》《大将军宴会被命作此诗》等作品,皆格调不高;"天监在晋,祚之降神"[2],"时文惟晋,天祚有祥"[3],"睿哲惟晋,世有明圣"[4]之类的语句频频出现,实在乏善可陈。这也侧面印证了《世说新语》所录东晋名相谢安定"二陆优劣"的故事并非空谈。不过,更显而易见的是,二陆书写此类应酬之作时,都被迫降低了身段,对他们的故国之念

---

[1] [南朝·梁]萧统:《文选》,上海古籍出版社 1986 年版,第 1140 页。

[2] [西晋]陆云著:《陆士龙文集校注》,刘运好校注,凤凰出版社 2010 年版,第 245 页。

[3] [西晋]陆云著:《陆士龙文集校注》,刘运好校注,凤凰出版社 2010 年版,第 284 页。

[4] [西晋]陆云著:《陆士龙文集校注》,刘运好校注,凤凰出版社 2010 年版,第 257 页。

而言，无疑是一种负累。

三

在与东南士人群体的交往中，二陆则不用掩饰性情，真实地表现出了他们的热肠义胆。两人不仅于通常言行中多有团结乡党之举，还以赠答诗的形式强化了他们与南士们的情感联系。据当今学者统计，西晋传世 140 余首赠答诗中，二陆作品逾三分之一。《文选》收录了西晋赠答诗 30 首，二陆之作过半数。[1] 金声涛点校的《陆机集》中，陆机存赠答诗 35 首，其中赠答东南士人的有 24 首；黄葵点校的《陆云集》中，陆云存赠答诗 22 首，其中赠答东南士人的有 20 首。[2] 且二陆赠答的东南士人并非普通的寒士，他们皆属颇富名望的士族阶层，亦不乏孙吴一朝的高门

---

[1] 梅家玲：《汉魏六朝文学新论——拟代与赠答篇》，北京大学出版社 2004 年版，第 177 页。
[2] 孙明君：《两晋士族文学研究》，中华书局 2010 年版，第 131 页。

贵胄。那些作品中，对南人志向、士族意识、羁旅仕途中的矛盾心态以及作者个体与对象个体、作者个体与对象群体、作者群体与对象群体间的丰厚情谊皆有所涉及和表达，堪称集归晋吴士怀乡情感之大成。另外，二陆彼此赠答的诗作——以陆机《赠弟士龙》、陆云《答兄平原》[1]为代表，诗中汇聚了昆仲之情、伤逝之悲、怀归之叹、仕宦之难等丰富的私密情感，尤其深切地体现了兄弟二人对家族旧邦命运的多重反思。

赠答诗外，二陆入洛后所写的《为顾彦先赠妇二首》（陆机）、《为周夫人赠车骑》（陆机）、《为顾彦先赠妇往返诗四首》（陆云）等拟赠代答诗也寄寓着故国情怀。陆机还有《门有车马客行》《东宫作诗》《太山吟》等因朝局时事或个人境遇之触动而言念旧乡的诗歌传世。

---

[1] 该诗原未分章，刘运好稽考诗意后将之分为八章。参见刘运好：《陆士龙文集校注》，凤凰出版社2010年版。

四

二陆怀乡之文流传至今者亦不少，尤以陆机述乡愁、思亲族、追缅先人的文章居多。其中，最具代表性的是陆机的抒情小赋，如《怀土赋》《思归赋》《思亲赋》《述思赋》《愍思赋》《行思赋》《述先赋》等。

《怀土赋·序》有云：

> 余去家渐久，怀土弥笃。方思之殷，何物不感？曲街委巷，罔不兴咏；水泉草木，咸足悲焉。[1]

《思归赋·序》云：

> 余牵役京师，去家四载，以元康六年冬取急

---

[1]〔西晋〕陆机著：《陆士衡文集校注》，刘运好校注，凤凰出版社2007年版，第134页。

归。而羌虏作乱,王师外征,职典中兵,与闻军政。惧兵革之未息,宿愿有违,怀归之思,愤而成篇。[1]

《思亲赋》开篇即言:

> 悲桑梓之悠旷,愧蒸尝之弗营。指南云以寄款,望归风而效诚。[2]

诸如此类,无不是肺腑之声。心声如此,行何应之?《晋书·陆机传》载:

> 初机有骏犬,名曰黄耳,甚爱之。既而羁寓京师,久无家问,笑语犬曰:"我家绝无书信,汝能赍书取消息不?"犬摇尾作声。机乃为书以

---

[1] [西晋]陆机著:《陆士衡文集校注》,刘运好校注,凤凰出版社2007年版,第146页。
[2] [西晋]陆机著:《陆士衡文集校注》,刘运好校注,凤凰出版社2007年版,第115页。

竹筒盛之而系其颈，犬寻路南走，遂至其家，得报还洛。其后因以为常。[1]

此虽近小说家言，却是情真意切。《太平御览》卷八百六十一《饮食部一九·饮浆》引《语林》曰：

陆士衡在洛，夏月忽思竹筱饮，语刘实云："吾乡曲之思转深，今来东归，恐无复相见理。"言此，已复之生感。[2]

此亦为一证。

除上述直抒胸臆的诗文、事迹外，陆机还有一些借故乡风物刺世言志的文章传世。其中，《羽扇赋》颇具代表性。此文假托楚襄王与诸侯聚会章台之事，假借宋玉之口畅言流誉京洛的吴地旧物白羽扇之美，

---

[1] [唐] 房玄龄等：《晋书》，中华书局 1974 年版，第 1473 页。
[2] [宋] 李昉等：《太平御览》，中华书局 1960 年版，第 3827 页。

赞曰:"混贵贱而一节,风无往而不清。"[1] 终至:"襄王仰而拊节,诸侯伏而引非。皆委扇于楚庭,执鸟羽而言归。"[2] 此赋中所言楚襄王章台之会及宋玉力赞白羽扇之事,乃托古讽今之辞,暗喻南北隔阂之重、吴士见轻之状,表达出作者渴望士庶无相歧、寒贵无等差的理想政治环境。与陆机结交西晋权贵时的诸多言语、诗作一样,《羽扇赋》的内容较典型地体现了其文章逞才使气的特点,不仅借宋玉与诸侯之论辩来抒胸臆、展抱负、显辞章,且表达出了一种文明进化、因时而变的文明史观。只可惜,陆机的理想在现实面前太过脆弱,耿直刚烈的个性最后成了导致他人生悲剧的原因之一。

与陆机相比,陆云性格多文弱可爱而少慷慨苍凉。其入洛后歌咏乡土、追昔怀人或借故园风物以作寄托、讽喻的文章数量上虽难及陆机,但《岁暮赋》

---

[1] [西晋] 陆机著:《陆士衡文集校注》,刘运好校注,凤凰出版社2007年版,第245页。
[2] [西晋] 陆机著:《陆士衡文集校注》,刘运好校注,凤凰出版社2007年版,第246页。

《与陆典书》《答车茂安书》等文章或叹喟悠长，或倾吐浓烈，或铺陈洋溢，皆属佳作。此外，其《祖考颂》《张二侯颂》二文剪裁有度、结构缜密、庄重典雅，也是颇为可观的。

五

二陆的怀乡诗文以个体的心灵图景表现出了归晋吴士群体心境的丰富与复杂——既欲在异国朝廷努力进取，又因仕途多舛而对故土相思不已，终成矛盾纠合之郁结。相较张翰之率性洒脱、顾荣之见讥权变，二陆入洛后始终上下翻飞、四围奔突，身为兄长的陆机更加有一种决绝的义勇。《晋书·陆机传》载：

> 时中国多难，顾荣、戴若思等咸劝机还吴，机负其才望，而志匡世难，故不从。[1]

---

[1]［唐］房玄龄等：《晋书》，中华书局1974年版，第1473页。

可悲的是，二陆生不逢时，双双罹难于"八王之乱"。《世说新语·尤悔》第三条云：

> 陆平原河桥败，为卢志所谗，被诛。临刑叹曰："欲闻华亭鹤唳，可复得乎！"[1]

陆机临死所念，尤在故园，一叹千载，闻者同悲。金玉昆仲翻飞之羽至此而铩，兄先亡，弟连坐。私心念之，岂非生不能建功封侯、荣归旧土，或愿魂无羁绊、永安于故乡乎？

---

[1] ［南朝·宋］刘义庆撰：《世说新语笺疏》，余嘉锡笺疏，中华书局2007年版，第1050页。

附：陆云《答张士然》

行迈越长川，飘摇冒风尘。

通波激江渚，悲风薄丘榛。

修路无穷迹，井邑自相循。

百城各异俗，千室非良邻。

欢旧难假合，风土岂虚亲。

感念桑梓域，仿佛眼中人。

靡靡日夜远，眷眷怀苦辛。[1]

---

〔1〕[南朝·梁] 萧统：《文选》，上海古籍出版社1986年版，第1167—1168页。

蜀吴末世主的易代遭遇

国之将亡,帝君穷途仓皇;朝堂内外,士情必有动荡。这是中国古代王朝兴衰史上的普遍现象。蜀后主刘禅与吴后主孙皓均先历兵败国破之危,而后舆榇自缚出降,由座上之人主沦为陛下之人臣。失尊降格、荣光不复,唯有委曲求全、聊度残生。他们在魏晋易代之际的遭遇也由此汇入蜀吴士人群体运势的潮流,或落于史册,或演作传说,成为窥探彼时蜀吴士人心态的特殊镜像。

一

蜀汉政权的败落主要是因为其后期国力衰弱、人才凋零，诸葛亮的去世是国运加速下转的一个象征。刘禅非雄主，虽性格宽厚[1]，却难以重整旗鼓、力挽颓势，只能与麾下文武将领一道堵灾补漏、挡险救急。幸而，朝中未现大奸大恶之徒，境内寇乱荒馑勉强可控，加之曹魏又遭遇司马氏篡权而延迟了兴兵讨伐，蜀汉国祚才在较保守的政治环境中又延续了二十八年[2]之久。

在治国的心态上，刘禅基本属于顺天应命之类，不求有功、但求少过。邓艾率军破江油、克绵竹、直逼成都时，他在朝廷会议上稍做犹豫，随即选取了群臣谏言中风险最小的归降之策。该决定虽会招致不战

---

[1]《三国志·蜀书·杜微传》载诸葛亮致杜微书中有云："朝廷（主公）今年始十八，天资仁敏，爱德下士。"（[西晋]陈寿：《三国志》，中华书局1959年版，第1019页。）

[2] 公元235年至263年。

而败的骂名，但后世除了愤斥刘禅懦弱外，鲜有其他责备。可见，只要做冷静的理性判断，大家便会承认刘禅当时的抉择虽有辱国格却利于全土保民。无论就"华夷之辨"的春秋大义还是"民贵君轻"的儒家王道而言，刘禅降魏都不属于昏君恶行，甚至可能被视作忍辱负重。

倘以今世之眼光超然远眺，则遥测刘禅当日内心或正如其近臣郤正代撰的降书所云：

> 天威既震，人鬼归能之数，怖骇王师，神武所次，敢不革面，顺以从命！[1]

这也代表着大多数蜀汉士人在易代之际的态度。其间，纵有个别烈士（如刘禅第五子刘谌[2]）决绝

---

[1]〔西晋〕陈寿：《三国志》，中华书局1959年版，第900页。
[2]《三国志·蜀书·后主传》注引《汉晋春秋》曰："后主将从谯周之策，北地王谌怒曰：'若理穷力屈，祸败必及，便当父子君臣背城一战，同死社稷，以见先帝可也。'后主不纳，遂送玺绶。是日，谌哭于昭烈之庙，先杀妻子，而后自杀，左右无不为涕泣者。"（〔西晋〕陈寿：《三国志》，中华书局1959年版，第900—901页。）

抵制、震惊一时，但群情所向最终亦与刘禅类似，陷入一种被动低沉且不乏忐忑的等待中。

刘禅没有失算，从父兄手中接过曹魏政治实控权的司马昭欣然纳降。《三国志·蜀书·后主传》所载魏元帝曹奂的策命中，对于刘禅的主动归顺大加褒扬：

> 公恢崇德度，深秉大正，不惮屈身委质，以爱民全国为贵，降心回虑，应机豹变。履信思顺，以享左右无疆之休，岂不远欤！[1]

这也是司马昭的态度。而从"使太常嘉命刘禅为安乐县公"[2]，"朕嘉与君公长飨显禄……永为魏藩辅"[3] 等承诺和"食邑万户，赐绢万匹，奴婢百人，他物称是。子孙为三都尉封侯者五十余人。尚书令樊

---

[1] ［西晋］陈寿：《三国志》，中华书局1959年版，第901-902页。
[2] ［西晋］陈寿：《三国志》，中华书局1959年版，第901页。
[3] ［西晋］陈寿：《三国志》，中华书局1959年版，第902页。

建、侍中张绍、光禄大夫谯周、秘书令郤正、殿中督张通并封列侯"[1]等封赏来看，该策命也透露出了司马昭积极收买人心，为自己功盖曹魏、理当加冕而造势的用意。

二

刘禅投降后的次年（公元264年）八月初三，孙皓称帝，时年二十三岁。孙皓继承皇位得益于权臣的拥立，是一场朝廷阴谋（权臣违背吴景帝孙休遗命）的产物。执政初期，他比刘禅显得更具才干且精于权谋，不仅"比较能够重用江东大族中的一些实力派家族及其人物"[2]，还借助大族的势力和一些朝中清流的支持，果断清除了欲借拥立之功而左右其统治的权臣（如丞相濮阳兴、左将军张布等），使孙吴政局暂

---

[1] [西晋]陈寿：《三国志》，中华书局1959年版，第902页。
[2] 王永平：《孙皓时期皇权的强化及其与儒学朝臣冲突的加剧——孙吴后期政治史研究之二》，《河南科技大学学报》（社会科学版），2005年第4期，第10页。

时展露出新兴之象。

但好景不长,为实现牢固的政治集权和独裁统治,孙皓很快开始重用奸佞宵小打压直臣诤士,并大力强化监察制度。[1] 这不仅激化了他与朝中多数官吏之间的矛盾,更令其独断专行、荒淫残暴、好大喜功[2]、纵欲无度、迷信谶纬等恶性劣态日益放大、无法控制。其迫害大臣、残杀士人、凌虐百姓等暴行屡屡发生,罪状载录于史册者甚多,成为孙吴末期政治混乱不断加剧的直接证明。

公元273年夏,位列孙吴末代名将之首的大司马陆抗病重。虽然以往的忠言劝谏屡遭罔顾,但陆抗在临终前仍不忘恳切上疏,请孙皓倍加重视以西陵、建平为中心的边境防务,并悲怆地说道:

> 若兵不增,此制不改,而欲克谐大事,此臣之所深戚也。若臣死之后,乞以西方为属。愿陛

---

[1] 设立"校曹""弹曲"等机构充当耳目,专事检举揭发。
[2] 如强行迁都、贸然北伐、大建宫室之类。

下思览臣言,则臣死且不朽。[1]

但此番保国延祚的泣血之言依旧未能打动孙皓。当年秋天,陆抗只能在无奈中离世。

公元276年,与陆抗对峙多年却又惺惺相惜的西晋名臣羊祜认为伐吴时机成熟,奏请司马炎决断。其疏云:

> 今江淮之难,不过剑阁;山川之险,不过岷汉;孙皓之暴,侈于刘禅;吴人之困,甚于巴蜀。而大晋兵众,多于前世;资储器械,盛于往时。今不于此平吴,而更阻兵相守,征夫苦役,日寻干戈,经历盛衰,不可长久,宜当时定,以一四海。[2]

---

[1] [西晋]陈寿:《三国志》,中华书局1959年版,第1360页。

[2] [唐]房玄龄等:《晋书》,中华书局1974年版,第1018页。

又云：

> 孙皓恣情任意，与下多忌，名臣重将不复自信，是以孙秀之徒皆畏逼而至。将疑于朝，士困于野，无有保世之计，一定之心。平常之日，犹怀去就，兵临之际，必有应者，终不能齐力致死，已可知也。[1]

晋武帝对其建议高度认可，即便贾充、荀勖等诸多朝内豪门权贵因争权夺势而不断施加阻挠，但主战之臣[2]齐心协力、维护上意，仍促使西晋备军伐吴的进程大大加快。

羊祜病故的第二年（公元279年）冬，司马炎依

---

[1] [唐]房玄龄等：《晋书》，中华书局1974年版，第1019页。
[2] 除时任征南大将军的羊祜外，还有度支尚书杜预、中书令张华等。

其生前之计,发重兵二十万,分六路攻吴,势不可挡。[1]《三国志·吴书·三嗣主传》载吴天纪四年(公元280年)春事曰:

> 濬、彬所至,则土崩瓦解,靡有御者。预又斩江陵督伍延,浑复斩丞相张悌、丹杨太守沈莹等,所在战克。[2]

继而,孙吴最后一任守边大臣陶濬(时任征南大将军、荆州牧)尚未及迎敌,麾下已兵逃将散。面对"王濬顺流将至,司马伷、王浑皆临近境"[3]的危局,孙皓已别无选择。

---

[1]《三国志·吴书·三嗣主传》载曰:"冬,晋命镇东大将军司马伷向涂中,安东将军王浑、扬州刺史周浚向牛渚,建威将军王戎向武昌,平南将军胡奋向夏口,镇南将军杜预向江陵,龙骧将军王濬、广武将军唐彬浮江东下,太尉贾充为大都督,量宜处要,尽军势之中。"([西晋]陈寿:《三国志》,中华书局1959年版,第1173页。)

[2][西晋]陈寿:《三国志》,中华书局1959年版,第1174页。

[3][西晋]陈寿:《三国志》,中华书局1959年版,第1176页。

投降前，孙皓采纳了光禄勋薛莹、中书令胡冲等人的建议，遣使分别奉书至王濬、司马伷、王浑处，并派私署太常张夔等奉所佩印绶至司马伷处，委质请命。但与刘禅归降后所获待遇相比，孙皓这些宣示拜服的举动却无法博得西晋朝廷更多好感。一则因蜀汉归降在前，司马昭需要用优慰被俘君臣的方式凸显其政治风范，借之怀柔吴人。二则因伐蜀所遇抵抗远少于伐吴，晋武帝显然明白刘禅的主动投降与孙皓的被动投降大有区别。司马炎于太康元年（公元280年）四月诏曰：

> 孙皓穷迫归降，前诏待之以不死。今皓垂至，意犹愍之，其赐号为归命侯。进给衣服车乘，田三十顷，岁给谷五千斛，钱五十万，绢五百匹，绵五百斤。[1]

---

〔1〕［西晋］陈寿：《三国志》，中华书局1959年版，第1177页。

该诏在用词色彩和封赏程度上均较魏元帝颁予刘禅的那份洋洋策命相去甚远。自此，孙皓的名位食禄便只能屈居刘禅之下了。

三

从《三国志》及裴注的相关记载中，不难归纳出蜀吴灭亡与两国末代君主间的基本关联，概言之：蜀汉之亡，主要亡于其国力亏空、难御强敌，亡于曹魏之侵多过亡于刘禅之庸，乃由外殃而致内溃；孙吴之亡，主要亡于其朝纲沦丧、士情涣散，亡于孙皓之害多过亡于西晋之伐，乃由内讧而招外祸。以此复观史实，又能较简便地廓清两国走向衰亡的经过及其君臣易代之际的基本心态。

先说蜀汉，刘备夷陵之败可视作其由盛转衰的分界标志。蜀汉经济和军事的劣势在此后日益凸显，国力与魏、吴的差距不断增大。身为"识治之良才，管、萧之亚匹"[1]的诸葛亮尚不能扭转"危急存亡之秋"[2],"政由葛氏,祭则寡人"[3]的刘禅更是别无良策。

随着蒋琬、费祎、赵云、向宠等贤相良将的凋零殆尽,蜀汉末期政坛最终陷入难以振作的僵局——朝中荆州、东州、益州三派势力[4]时常相互攻讦而难以团结,姜维掌兵后盲目西征、败多获少、劳民伤财,刘禅因统治乏力而变得消极怠惰、亲近私宦,士

---

[1] [西晋]陈寿:《三国志》,中华书局1959年版,第934页。
[2] [西晋]陈寿:《三国志》,中华书局1959年版,第919页。
[3] [西晋]陈寿:《三国志》,中华书局1959年版,第894页。
[4] 蜀汉昭烈帝刘备率荆州士族势力战胜以刘璋为代表的东州士族势力而取得巴蜀控制权。作为先后执政的外来统治集团,东州、荆州的士族势力与以益州士族为代表的巴蜀本土政治势力始终存在矛盾。诸葛亮辅政刘禅期间,主要政治功绩之一便是调和三派势力之间的矛盾,维护蜀汉政治局面的稳定。田庆余《李严兴废与诸葛用人》一文(收入《秦汉魏晋史探微》,中华书局2011年版)用"李严兴废"的典型事例对此问题做了精辟说明。

人群体对维持政权逐渐丧失信心。[1] 如此形势下，即便没有司马昭的执意灭蜀之举，单凭魏、蜀、吴相互之间长期的攻防消耗，蜀汉依旧最可能成为三国中首先落败的一方。于是，当亡国之劫陡然而至时，"谯周劝降"的发生和朝中主降派的最终胜利，无不反映出蜀汉士人群体以现实利弊取舍为要的政治心态。

《三国志·蜀书·后主传》载曰：

> 艾至城北，后主舆榇自缚，诣军垒门。艾解缚焚榇，延请相见。[2]

此为当时两国之间投降与受降的惯仪，事不足

---

[1] 据当今研究者分析，蜀汉三方地域势力的矛盾加剧从诸葛亮去世后益州派名士李邈致刘禅的上疏中即可见端倪。蜀郡名士张裕、杜琼、谯周等人有关蜀汉国运的预言或谶语透露出上述矛盾的激化。谯周《仇国论》中申明蜀汉"可为文王，难为汉祖"的论调及其引发的朝堂反响则反映出蜀汉士人整体政治心态的低迷。参见黄昊：《蜀汉荆州集团与益州集团》，安徽大学 2011 年硕士学位论文。
[2] ［西晋］陈寿：《三国志》，中华书局 1959 年版，第 900 页。

奇。但其后裴注引《晋诸公赞》或曰：

> 刘禅乘骡车诣艾，不具亡国之礼。[1]

这一非同寻常的细节除了暗示邓艾对刘禅的格外优待外，是否也体现了刘禅当时内心的一份从容？毕竟，内忧外患之国、举步维艰之治，对于一个已过知命之年的守成之君而言，无奈的劫数或许未尝不是一种自觉的解脱。

再看孙吴，其由盛转衰的分界事件应为"南鲁党争"[2]。由孙权在立储问题上引发的一系列矛盾和斗争造成了孙吴后期的政治混乱。孙权去世后，宗室势力、辅政大臣、当朝权佞与其他士族势力在孙亮、孙

---

[1] [西晋]陈寿：《三国志》，中华书局1959年版，第901页。
[2] 孙吴东宫又称"南宫"。"南鲁党争"又称"二宫之争"。太子孙和（孙权第三子）与鲁王孙霸（孙权第四子）因争夺储君之位而发生矛盾，导致双方宗室及朝廷势力之间的角力。其时间约始于吴赤乌五年（公元242年），结束于吴赤乌十三年（公元250年）。最终，孙和被废黜，孙霸被赐死，孙权改立其第七子孙亮为太子。有关"南鲁党争"的大致经过及其历史影响，可参见罗昌繁《"二宫构争"与江东士族心态及文学》一文（《殷都学刊》2015年第2期）。

休执政期间反复角逐,严重动摇了国家的稳定。成功强化了君权的孙皓本应有能力与当地士族、儒学清流达成共赢,亦不乏重整江东政治秩序、巩固既有国力的机会,然而他大权独揽后的倒行逆施却急速地将王朝拖入了沉沦的泥淖。濒临亡国之际,孙皓才幡然醒悟、沉痛忏悔,但一切已于事无补。

《三国志·吴书·三嗣主传》裴注引《江表传》所录孙皓遗群臣书云:

> 孤以不德,忝继先轨。处位历年,政教凶勃,遂令百姓久困涂炭,至使一朝归命有道,社稷倾覆,宗庙无主,惭愧山积,没有余罪。……自居宫室。仍抱笃疾,计有不足,思虑失中,多所荒替。边侧小人,因生酷虐,虐毒横流,忠顺被害。暗昧不觉,寻其壅蔽,孤负诸君,事已难图,覆水不可收也。[1]

---

[1] [西晋]陈寿:《三国志》,中华书局1959年版,第1177页。

《江表传》所载孙皓致其舅何植信亦云：

> 天匪亡吴，孤所招也。瞑目黄壤，当复何颜见四帝乎！[1]

从中可见，孙皓在承认自己是宗庙倾塌之罪魁祸首的同时，也流露出一丝后悔的怨叹。其再三自责之处与许多归晋吴士（如薛莹、陆喜、陆机等）的反思结果大体一致，即：

> 孙吴之兴衰，主要在于其是否得到士大夫社会的拥戴。[2]

该论调在西晋江东士人群体中颇为流行，传至东

---

[1] [西晋]陈寿：《三国志》，中华书局1959年版，第1177页。

[2] 王永平：《孙皓时期皇权的强化及其与儒学朝臣冲突的加剧——孙吴后期政治史研究之二》，《河南科技大学学报》（社会科学版），2005年第4期，第16页。

晋，也还有"本土"的回响。[1]

四

关于刘禅归晋后的言行，除《三国志》裴注所引《汉晋春秋》中"乐不思蜀"的故事外，鲜见其他史料述及。后世学者评"乐不思蜀"一事，大致分两派观点：一派认为刘禅安于现状、糊涂度日；另一派则认为刘禅乃特意伪装，以避免司马炎的疑心，颇有其

---

[1] 东晋葛洪《抱朴子·外篇·吴失》云："吴之晚世，尤剧之病，贤者不用，滓秽充序，纪纲弛紊，吞舟多漏。贡举以厚货者在前，官人以党强者为右。匪富匪势，穷年无冀。德清行高者，怀英逸而抑沦；有才有力者，蹑云物以官跻。主昏于上，臣欺于下。不党不得，不竞不进。背公之俗弥剧，正直之道遂坏。"[杨明照：《抱朴子外篇校笺》（下），中华书局1997年版，第142页。]

父刘备借雷震掩失箸[1]的机变。[2]

但几乎无异议的是,刘禅归晋后并未遭到迫害,可谓安享晚年、得以善终。刘禅在位四十一年,不仅是三国时期在位最长的君主,也是中国古代历史上少数长时间亲政的帝王之一。他在西晋泰始七年(公元271年)卒于洛阳,寿六十四,时隔蜀亡有八年。

河南鹤壁现存阿斗寨古迹,其石门上刻有"中山寨"字样。此地衍生出了一些民间传说。比如:刘禅不忘自己乃中山靖王之后,特以此为驻地命名,且因心系故土[3],常背倚柏树、南望日国。[4] 也有人从

---

[1]《三国志·蜀书·先主传》载曰:"先主未出时,献帝舅车骑将军董承辞受帝衣带中密诏,当诛曹公。先主未发。是时曹公从容谓先主曰:'今天下英雄,唯使君与操耳。本初之徒,不足数也。'先主方食,失匕箸。"裴注引《华阳国志》云:"于时正当雷震,备因谓操曰:'圣人云"迅雷风烈必变",良有以也。一震之威,乃可至于此也!'"([西晋]陈寿:《三国志》,中华书局1959年版,第875页。)

[2] 清代文学批评家毛宗岗点评《三国演义》时即指明了该说法的存在,并表示自己不赞同。([明]罗贯中撰:《三国演义》,毛宗岗评订,齐鲁书社1991年版,第1452页。)

[3] 距离阿斗寨最近的两个村庄分别名为前蜀村和后蜀村。

[4] 参见江宝才:《中原花神刘阿斗:大智若愚,明智之君——为后主刘禅正名》,《衡水学院学报》2010年第5期。

中编造出了一个"乐不思蜀"的后续故事,大意是说司马昭在宴会上试探过刘禅后仍不放心,于是率亲信同去刘禅驻地视察,见"中山寨"三字后,满意而归。随行臣子不解其故,司马昭笑言"中山寨"即"在山中",就此即可认定刘禅归隐心迹已明,不足多虑。〔1〕这类传说都不乏善意,认为刘禅不仅能忍辱含垢、明哲保身,也是一个有情有义之人。当地百姓还认为一些传统的特产花卉苗木源自刘禅的引种,对之分外感恩,敬之为神。〔2〕

与中原民众相呼应,西蜀百姓也由衷缅怀刘禅。

成都武侯祠在北宋庆历之前,一直有刘禅的专祠。其规模与专祭诸葛亮一家的武侯祠

---

〔1〕 对此故事的另一种解说是刘禅以"中山寨"之名向司马昭表示自己愿意像远主中山靖王刘胜般甘作一个贪图享乐、不思进取的臣子。
〔2〕 参见江宝才:《中原花神刘阿斗:大智若愚,明智之君——为后主刘禅正名》,《衡水学院学报》2010年第5期。

相当。[1]

北宋庆历年间,成都知州蒋堂以刘禅乃亡国之君为由,下令拆其祠堂,此举还引起了不少民众的抗议。[2]

孙皓归晋后的事迹并未见录于《三国志》及裴注。翻检其他相关史籍杂述,有两则故事流传较广。其一为《世说新语·排调》第五条:

> 晋武帝问孙皓:"闻南人好作《尔汝歌》,颇能为不?"皓正饮酒,因举觞劝帝而言曰:"昔与汝为邻,今与汝为臣。上汝一杯酒,令汝寿万春。"帝悔之。[3]

---

[1] 罗开玉、谢辉:《三国蜀后主刘禅新论》,《成都大学学报》(社科版) 2009 年第 6 期。

[2] 据当今学者推断,该刘禅祠应建于南北朝时期。参见罗开玉、谢辉:《三国蜀后主刘禅新论》,《成都大学学报》(社科版) 2009 年第 6 期。

[3] [南朝·宋]刘义庆撰:《世说新语笺疏》,余嘉锡笺疏,中华书局 2007 年版,第 918 页。

此与司马昭戏刘禅之事类同,虽系小说家言,亦符合历史情境。从中可见,晋武帝与孙皓不仅有君臣高下之分,且具成王败寇之状;但孙皓借奉令赋歌之机,与君上互称"尔""汝",自如应对、不落下风。司马炎调笑未遂、反遭暗讽,故有"悔"意。

其二为《资治通鉴·晋纪》载太康元年(公元280年)五月事:

> 庚寅,帝临轩,大会文武有位及四方使者,国子学生皆预焉。引见归命侯皓及吴降人。皓登殿稽颡。帝谓皓曰:"朕设此座以待卿久矣。"皓曰:"臣于南方,亦设此座以待陛下。"贾充谓皓曰:"闻君在南方凿人目,剥人面皮,此何等刑也?"皓曰:"人臣有弑其君及奸回不忠者,则加此刑耳。"充默然甚愧,而皓颜色无怍。[1]

---

〔1〕 此事被写入《三国演义》,亦为成语"设座待晋"的由来。([宋]司马光:《资治通鉴》,中华书局1956年版,第2569页。)

从中可见，投降之初的孙皓无论对西晋君主还是权贵，姿态都比较强硬，侧面印证了其败亡前后的悔恨和不甘。而这类回击晋人侮辱、努力维护自尊的言行，在当时一部分性格耿介的归降吴士中已较为突出。如《晋书·周处传》有载：

> 及吴平，王浑登建邺宫酾酒，既酣，谓吴人曰："诸君亡国之余，得无戚乎？"处对曰："汉末分崩，三国鼎立，魏灭于前，吴亡于后，亡国之戚，岂惟一人！"[1]

又，《晋书·吾彦传》载吾彦回答晋武帝孙吴政治状况及亡国因由之事，情同上述。其云：

> 吴亡，彦始归降，武帝以为金城太守。帝尝

---

[1] [唐]房玄龄等：《晋书》，中华书局1974年版 第1570页。

从容问薛莹曰："孙皓所以亡国者何也？"[1]

薛莹随即对孙皓之暴政直陈无讳。

> 帝又问彦，对曰："吴主英俊，宰辅贤明。"帝笑曰："君明臣贤，何为亡国？"彦曰："天禄永终，历数有属，所以为陛下擒。此盖天时，岂人事也！"[2]

相比薛莹的坦白，吾彦为袒护故国声誉而罔顾事实之语甚是偏激。不仅如此，当他面对西晋名士张华"君为吴将，积有岁年，蔑尔无闻，窃所惑矣"[3]的质疑时，竟厉声反驳道："陛下知我，而卿不闻

---

[1] [唐] 房玄龄等：《晋书》，中华书局1974年版，第1562页。
[2] [唐] 房玄龄等：《晋书》，中华书局1974年版，第1562页。
[3] [唐] 房玄龄等：《晋书》，中华书局1974年版，第1562页。

乎?"[1] 其性格之敏感倔强亦见一斑。

若将上述孙吴君臣的降后举止与蜀汉君臣降后的相关言行进行比较,会发现前者心态上的不甘、不屈有别于后者的低落、感伤,这也能折射出孙吴本土士族政权与蜀汉外来寒族政权在国族观与价值观上的微妙差异——前者的乡土情感与其地位名望显然捆绑得更紧密。但无论有怎样的不甘或是悔恨,对于须为亡国负主要责任的吴后主孙皓而言,这些都只能使之倍感抑郁。据《三国志》的记载,孙皓卒于西晋太康五年(公元284年),寿四十二,时距吴亡仅四年。他与刘禅一样死于洛阳,也葬在河南境内。陈寿对孙皓之死直言曰"死",对刘禅之死则称为"薨",一字之内,褒贬已明。

五

在《三国志》中,陈寿称刘禅:

---

[1] [唐]房玄龄等:《晋书》,中华书局1974年版,第1562页。

> 任贤相则为循理之君，惑阉竖则为昏暗之后。[1]

这代表了旧臣对旧主的看法。在《华阳国志》中，常璩认为刘禅"非中兴之器"[2]，代表了稍后东晋蜀汉本土史家的定论。这两种评价至今为学界所公认。但以《三国演义》在明清两朝的风行为界，刘禅在民间的形象渐变为"扶不起的阿斗"[3]，并从此贴上了极具讽刺意味的刻板标签。这显然背离了正史。

检视《三国演义》可知，书中并未以小说笔法对刘禅故意贬低，乃是由于对刘备为首的前蜀豪杰格外颂扬，尤其是对诸葛亮极尽神化，这才造成刘禅形象

---

[1] [西晋]陈寿：《三国志》，中华书局1959年版，第902页。

[2] [东晋]常璩撰：《华阳国志校补图注》，任乃强校补图注，上海古籍出版社1987年版，第429页。

[3] "扶不起的阿斗"这一评价的源头，可溯自《三国志·蜀书·后主传》注引《汉晋春秋》所载司马昭与近臣贾充的对话，是云："司马文王与禅宴，为之作故蜀技，旁人皆为之感怆，而禅喜笑自若。王谓贾充曰：'人之无情，乃可至于是乎！虽使诸葛亮在，不能辅之久全，而况姜维邪？'充曰：'不如是，殿下何由并之。'"（[西晋]陈寿：《三国志》，中华书局1959年版，第902页。）

庸碌、乏善可陈。而后，又经民间故事和曲艺的不断加工，比如将"赵云救主""刘备托孤""乐不思蜀"一类的历史片段进行夸张想象、反复渲染，刘禅才愈益被凸显为一个昏君的模样。

据《三国志》及裴注所引史料中的记载，刘禅亲政后基本做到了平和稳健，颇善于守土安邦。诸葛亮生前，他能从谏如流，积极倚靠忠良之士；诸葛亮死后，他大体能遵循旧制，不激化朝中固有的政治矛盾。他纵然亲近过佞臣，但几乎从未因此而败坏朝纲或肆意妄为，堪称职尽本分。这也是归晋后的蜀汉旧臣对刘禅诚心袒护的主要原因。《晋书·李密传》载：

> 司空张华问之曰："安乐公何如？"密曰："可次齐桓。"华问其故，对曰："齐桓得管仲而霸，用竖刁而虫流。安乐公得诸葛亮而抗魏，任黄皓而丧国，是知成败一也。"[1]

---

[1] [唐]房玄龄等：《晋书》，中华书局1974年版，第2275—2276页。

此评价基本与陈寿的观点一致，不否认刘禅的过失，但首先肯定其声誉。

　　当今学界不乏为刘禅"翻案"之作，有研究者分别从帝业和帝品两方面来对刘禅进行再评价，该思路是值得肯定的。史家往往重视帝业，而帝品则能更长久地流誉民间。刘禅一生虽功绩平平、帝业庸常，但其帝品在中国历代帝王中足资称赞。[1]"翻案"文章虽不能彻底阻止"戏说阿斗"之风，但事理俱在，也能积极纠正一些低俗的歪曲。

　　还需一提的是，"阿斗"之称虽见于《三国志》[2]，但史书中并无有关该名字来由的记载。《三国演义》所云甘夫人夜梦吞北斗而孕刘禅之事乃小说

----

[1] 罗开玉、谢辉：《三国蜀后主刘禅新论》，《成都大学学报》（社科版）2009年第6期，第6页。
[2] 《三国志·蜀书·刘封传》载蜀汉叛将孟达致刘备养子刘封的劝降书中有云："自立阿斗为太子以来，有识之人相为寒心。"刘禅被称作"阿斗"，史籍中仅此处得见。（[西晋]陈寿：《三国志》，中华书局1959年版，第992页。）

家的虚构。后世有学者认为，史书上记载刘禅字"升之"[1]，"阿斗"之名或由此衍生。也有学者认为古字中"升""斗"二字的字形易混，"阿斗"或是"阿升"的笔误。这两种说法都有一定的道理。

较之刘禅，孙皓虽未在历史上留下笑话，却着实是可恨的暴君。陈寿评之曰：

> 皓之淫刑所滥，陨毙流黜者，盖不可胜数。是以群下人人惴恐，皆日日以冀，朝不谋夕。[2]

其甚至愤怒地写道：

---

[1]《三国志·魏书·明帝纪》注引《魏略》所载魏明帝曹叡露布天下并班告益州之文中有云："诸葛亮弃父母之国，阿残贼之党，神人被毒，恶积身灭。亮外慕立孤之名，而内贪专擅之实。刘升之兄弟守空城而已。"（[西晋]陈寿：《三国志》，中华书局1959年版，第94—95页。）刘禅被称作"刘升之"，史籍中仅此处得见。《三国志·蜀书·后主传》及《华阳国志·刘后主志》中皆作："后主讳禅，字公嗣。"由是可知，"公嗣"作为刘禅的字最得公允。

[2] [西晋]陈寿：《三国志》，中华书局1959年版，第1178页。

> 况皓凶顽，肆行残暴，忠谏者诛，谗谀者进，虐用其民，穷淫极侈，宜腰首分离，以谢百姓。[1]

裴注引东晋史家孙盛之语亦云：

> 皓罪为逋寇，虐过辛、癸，枭首素旗，犹不足以谢冤魂，洿室荐社，未足以纪暴迹。[2]

两晋史家的"盖棺定论"皆宣告了孙皓的恶名昭彰、绝难宽恕，后世从无异议。鉴于此，那个"扶不起"的蜀后主刘禅不禁让人更添几分同情了。

---

[1] [西晋]陈寿：《三国志》，中华书局1959年版，第1178页。
[2] [西晋]陈寿：《三国志》，中华书局1959年版，第1179页。

拟问答

(后记)

一、关于本书

(一) 本书选题从何而来?

答:本书源于我的博士学位论文选题。我的博士学位论文的题目是《魏晋易代时期的士情与文情研究》,这个题目取得不太好。本书改为"士人心态与文学",可以把意思说得更清楚。我是在四川师范大学攻读的博士研究生。导师李大明教授当初给我建议了三个论文选题方向:一是楚辞文化史研究,二是《宋书》中的"文学论"研究,三是魏晋易代文学与文化研究。我选了第三个，因为我对魏晋人物的历史命运和传世诗文更感兴趣。魏晋南北朝是中国历史上的一个大时代，魏晋政权更替的前后数十年是其中的重要阶段。许多如今家喻户晓的历史人物都在这个时期有重要活动。比如，政治上，有取代曹魏政权、一统天下的司马懿祖孙四人，以及归降曹魏的蜀后主刘禅、归降西晋的吴后主孙皓；军事上，有曹魏名将邓艾、西晋名将羊祜、蜀汉名将姜维、东吴名将陆抗和周处；文化上，有以阮籍、嵇康为代表的竹林名士，有写《三国志》的陈寿，还有以张华、陆机、陆云等为代表的太康文豪。这些人的历史命运和诗歌文章一直是古代文学界研究的重要对象。"魏晋士人心态"又是这里面一个引人注目的研究领域。在中国古代，士人群体是占有政治、经济、文化主要资源的精英阶层，他们在不同朝代中的心态可以反映出很多政治问题、社会问题和文化问题。魏晋易代时期是中国历史上非常动荡的阶段，这一时期士人的心态和文学因此具有特殊性和复杂性，值得深入研究。本书将研究对象定为魏晋易代时期的蜀吴士人心态与文学，把我博士学位论文选题所涉及的研究范围缩小了，主要是想通过对研究领域的细分促使学术视点更集中，同时也有助于更好地解读和分析研究对象。

（二）本书是你的博士学位论文吗？

答：不全是。准确地说，二者差别比较大。首先，我的博士学位论文的绪论没有收入本书。绪论部分主要是对论文选题的研究现状做综述，并说明论文的价值。这样的内容在学位论文中是不可或缺的，但对于学术专著而言，有些模式化，我就省略了。其次，我的博士学位论文中用了不少篇幅来写司马氏夺权的经过和它引发的曹魏士人心态变化，由于这部分内容不属本书论述的范畴，所以也没收进来。上述两部分内容大约有四万字，除去后剩下的内容是本书的基础。我又在这个基础上做了较大的改动：一方面是补充资料、完善论证；另一方面是改变写法、转换文风。原来的写法有许多文白夹杂的地方，读起来拗口，许多表述也显得很不自然。再者，我的博士学位论文中引用的文献往往比较长，注释也比较多，即使受过高等教育的读者也会明显感到阅读时有障碍。在本书中，我有意将叙述方式和论述方式向文学随笔靠拢，努力使自己的文字表达明白流畅。在保证论据得当的前提下，尽量对所引用的文献删繁就简，同时去掉一些与正文关联不大的注释内容。总之，我希望自己的这本书有学理性而无学究气，既遵循学术规范又不乏生动的文字。

（三）相比你的博士学位论文，本书有新增的内容吗？

答：有。书中《李密〈陈情表〉别议》《顾荣与张翰的仕途分殊》《蜀吴末世主的易代遭遇》三篇文章是近两年写的，代表我目前的学术水平和文字水平，我从中可以看见自己的进步。虽然这三篇文章并不敢称什么学术佳作，但相比书中其他文章，我的确更加偏爱它们。顺便说一句，本书也有计划写而最终没写的内容。比如，对西晋时期最富名望的文学家陆机、陆云兄弟二人，我原本想各写一篇专论。一篇是通过陆机的《叹逝赋》来谈论他的性格与命运，另一篇是概述陆云对中国古代文学的贡献。但在搜集相关资料的时候，我拜读了当代学者刘运好积二十余年功力写成的《陆机陆云考论》，厚厚的上下两册书，六十多万字。我当时就感叹这是迄今为止二陆研究领域的集大成之作，也是一座难以逾越的高峰。我觉得自己的那两个选题很难写出新意来，就没去班门弄斧了。同时，我还把刘运好先生的《陆士衡文集校注》和《陆士龙文集校注》作为了本书中二陆诗文系年的依据和大多数诗文引录的出处。

（四）本书对你有何意义？

答：这是对我步入不惑之年的一个交代。我博士毕业那年三十二岁。按理说，我至少在两三年内就该把博士学位论文修订出版。拖到现在才成书，主要还是我自己的问题。在高校工作以后，总被各种杂事牵扯精力，在学术上不专心、不勤奋。这期间，我虽然也发表过十多篇学术文章，但基本不能让自己满意，大部分是为了完成科研项目要求而写的"命题作文"。博士毕业后，父母、师长和朋友们都表示，希望早日看到我的书。虽然他们大多对学术著作不感兴趣，但那份期待事实上是对我的关心。这促使我想把自己的第一本书尽量写得好一些，出版得精致些，像一份能够送得出手的礼物。他们能在闲暇时翻几页、读几段，或者放在他们的私人物品中作纪念，我就很高兴了。

（五）本书对普通读者有何意义？

答：我说了不算。本书出版后会进入市场，肯定会被一些陌生的读者读到。他们的感触，无论是好是差，都是有意义的。我写出的是一本学术书，虽然在文字上降低了阅读门槛，但如果没有一定文化储备，翻阅起来也会觉得比较难。本书的目标读者很明确，是那些对魏晋历史、魏晋人物、魏晋文学感兴趣，想进一步丰富相关知识的人。这本书包含了我在专业上的思考和心得。古人说："嘤嘤其鸣，求其友声。"每一个作者都希望自己的书能遇到会心的读者，希望有读者能看出作者的认真，能察觉出作者的用意。文史类研究著作有其科学的一面，也有社会的一面，还有艺术的一面。在叙述历史、赏析诗文、评价人物的过程中，既要言之有据、言之成理，也难免会渗入作者的性情和志趣。这恰好证明那些引人注目的历史人物、历史事件、传世诗文是具有长久生命力的。我希望自己在书中发出的一些议论和感慨能够体现出那种活力。

（六）本书有哪些不足之处？

答：我乐于听到所有对于本书不足之处的指教。在我个人看来，本书的研究深度远没有达到我理想中的学术追求。作为一个读者，我"眼高"；而作为一个作者，我"手低"。这是我目前的实际状况。我不想扳着指头来数落自己的各种遗憾。我如今能够达到的学术水平基本已呈现在这本书里了。我决心以此为起点，继续往前走。

（七）本书写作过程中有哪些让你难忘的事？

答：整个写作过程都是难忘的。这本书中的每一篇文章我都写得比较慢，而后反复修订，留下了一串平凡写作者努力跋涉的足迹。在修订过程中，还经历过一次小意外。在将近七万字的内容修订完成后，电脑突发故障，修订后的文档没能保存下来，只能返工。这让我体会到，虽然学术经典、鸿篇巨制让人叹为观止，但是"驽马十驾、功在不舍"，普通研究者的积极劳动同样值得肯定。

二、关于文学

（一）作为一名文学研究者，你如何看待文学？

答：这是一个大问题。每个从事文学研究和文学创作的人，甚至很多文学爱好者都不免被问到相似的问题。中国古代文学理论家刘勰在巨著《文心雕龙》开篇《原道》一文中说："文之为德也大矣，与天地并生者，何哉？夫玄黄色杂，方圆体分；日月叠璧，以垂丽天之象；山川焕绮，以铺理地之形。此盖道之文也。"这类思考塑造了我对于文学本质的看法。在我眼中，文学是一个浩瀚无边的精神世界。文学与宗教、哲学、历史、艺术一样，注定会面对永恒的事物。在这个意义上，文学不仅关乎人类，更关乎宇宙和自然。借用古人"文以载道"的说法，文学所载的"道"不仅是人类社会的意识形态，更是天地间生生不息的创化之道。当然，在学科知识的层面上，有关文学的来龙去脉已经被解释得很具体了。文学史、文学理论、文学批评类的教科书都会给出自己的"标准"答案。许多学者对"文学是什么"这个问题也进行过深入的论述，比如陈国球先生的《文学如何成为知识？——文学批评、文学研究与文学教育》。这本书清晰地勾勒出文学之"学"的产生过程，并系统地说明了文学的意义。而作为一名教师，我也将文学看作一门专业技术。虽然研究文学最终是为了探索"道"，但文学教师谋生离不开"术"，所谓"传道、授业、解惑"往往都要体现在十分具体的工作中。教师俗称"教书匠"。所以，我认为自己也应该像作坊里认真干活儿的工匠一样，在课堂上真诚地分享知识、传授技能，尽职尽责地培养学生。

（二）你是怎样走上文学之路的？

答：和大多数的高校教师一样，这是个人兴趣和求学经历使然。我本科读的是四川师范大学工商管理专业。大一时，虽然爱读文学作品，但基本是囫囵吞枣。大二开学后，有幸去旁听了何大草先生为中文系学生讲的写作课，这才受到了真正的文学启蒙，有了投身于文学事业的愿望。本科毕业前，我考上了四川师范大学中国现当代文学专业的硕士研究生。硕士阶段我读了三年，师从唐小林教授。在唐老师的悉心指导下，我受到了良好的学术训练，在 2008 年 6 月顺利毕业。2011 年 6 月，我又考上了四川师范大学中国古代文学专业的博士研究生。

（三）在学习中国古代文学的过程中，你最大的感受是什么？

答：我专门学习中国古代文学的时间只有三年，很短，缺乏讨论这个问题的资历，但我确实思考过类似的问题。就我自身感受而言，中国古代文学研究的"门槛"高，重视规矩。这既和古代文学的历史悠久、底蕴深厚、内容博大有关，也和它的学术流派众多、学术体系严谨、专业建设成熟有关。之所以说"'门槛'高"，主要在于从事专业研究所要求的"小学"基础是普通人难以具备的。所谓"小学"，主要是指文字、音韵、训诂之学和版本、目录、校勘之学，它们分别属于中国语言文字学和文献学的范畴。严格来讲，如果没有相当程度的"小学"功夫，许多所谓的中国古代文学研究，包括对中国古代历史和哲学的研究，都只能算是普及性的研究，无法成为高深的学问。就好比我们要研究外国文学，至少应该精通一门外语，否则就没办法登堂入室。而之所以说"重视规矩"，主要是由于中国古代文学研究特别强调学术传统和学术章法。简单地讲，学术传统就是对中国古人研究学问的价值宗旨、典型示范、惯例戒规等的继承。学术章法则是在学术研究中所体现出的学术传统，包括思路方法、著述体例、文章结构甚至遣词造句、注释方式、文献的引用规矩等，很有讲究。

（四）那你对于中国现当代文学研究的感受如何？

答：现当代文学专业的书我从本科开始就一直在读，也始终对它的研究动向高度关注，但我还是只能谈一些粗浅的感受。我觉得，与中国古代文学研究相比，现当代文学研究更加开放、活泼。中国现当代文学只有一百多年的历史，它是一个以白话文为载体的全新的文学系统。白话文降低了它的学习门槛，也使相关研究似乎更容易在专业上"入门"。但是，从清朝晚期到现在，随着"西学东渐"和"文化全球化"两大历史潮流的激荡，中国现当代文学被赋予了空前的学术多元性。它的研究方法比传统的古代文学研究更丰富。并且，现当代文学研究是与中国现代社会同呼吸、共命运的，它更强调自身对社会现实问题的回应，在学术上还没有形成太多的"规矩"。当然，这也是由于它的学术传统建立晚、历史短，故而其学术流派少，学术体系还在不断完善。从中国文学的整体视野来看，中国现当代文学尚处于"一代之文学"的阶段，但它对于中国文学的变革是以往无法比拟的，发展前景更是难以估量的。

（五）跨专业的学习背景对你的文学研究有何影响？

答：这主要是提供了一种不同的视角。其实，我硕士和博士所学的专业都属于中国文学，跨度并不大。现当代文学专业本身就是由古代文学研究者们建立起来的。总的来说，现当代文学的学习经历影响了我从事古代文学研究的学术心态，也影响了我的学术志趣。当面对古代文学研究的"门槛"时，我的心态基本比较平和，也比较豁达。对于那些"规矩"，我并不是每一个都奉为圭臬。在研究对象上，我更喜欢讨论有关"历史发展"或"个人命运"的文学、文化问题。而通过学习古代文学，我提高了自己对中国文化传统的认识，对它更加理解和尊敬，我在学术研究上的"规矩意识"也明显增强了。

（六）在你看来，研究中国古代文学和现当代文学有何不同？

答：这个问题很多学者都讨论过。它们的研究对象、研究思路、研究方法等都有差异，这正是它们各自独立存在和发展的理由。在此，我只想反对一种现象：有些学古代文学的人爱去挑剔现当代文学研究中的知识错误和表达缺陷，在他们眼中，许多现当代文学研究者提出的"新概念"、做出的"新阐释"都是故弄玄虚；而有一些学现当代文学的人也很厌烦古代文学研究的冗长考据，觉得大费周章后所得出的观点、结论往往不过是"老调重弹"。其实，稍有学术常识的人都明白，真正的学术总是面向问题和知识本身，并非追求语出惊人，也不一定都能经世致用。中国文学要不断进步，必须破除门户之见。这既需要古代文学研究者们积极接纳现代思维，更加关注当代文学的发展，也需要现当代文学研究者们努力深入学习优秀传统，更加严谨地去建设自身的学术体系。

（七）你对文学的未来有何展望？

答：说不好。但我对文学的未来很有信心。

三、关于其他

（一）从硕士毕业后到你读博前，这期间你有何经历？

答：经历主要是考博和参加工作。我考博士的过程有些曲折。从 2008 年 3 月起，连续四年，我总共参加过五次国内的博士生招考。前三年，我一厢情愿，只想去清华大学攻读比较文学与世界文学专业。其间，除了在四川城市职业学院做过一学期兼职教师外，其余精力几乎全部用于复习备考。我每次的专业课都考得不错，但英语一直考不过关。屡屡落榜后，心里还是很遗憾。稍感欣慰的是，赴京赶考、游历，增长了见识，并且拜会了著名作家、学者格非先生，得到了他的指点，很受启发。2010 年 3 月底，我放下原来固执的想法，开始找稳定的工作。因为我硕士学位论文的选题是李劼人小说研究，所以在读研期间多次去四川师范大学北门外的李劼人故居博物馆查找资料。当时担任该馆副馆长的郭志强先生对我比较熟悉。得知我考博不顺利，他就热心地推荐我到故居博物馆从事文职工作。我在李劼人故居博物馆工作了八个多月，时间不长，却很有收获。那年的11月，国际博物馆协会第二十二届大会在上海举办，李劼人故居博物馆组团参加了。我随团观看展览，大开眼界。在中国现代文学馆的组织下，我们还与国内众多文学类博物馆界的同行进行了多次友好的交流。这段时间里，我继续求学的志气又受到鼓舞。2011年1月，我谢绝李劼人故居博物馆领导的挽留，辞去工作备考。那年的3月和4月，我先后参加了四川师范大学中国古代文学专业和四川大学比较文学与世界文学专业的博士生招考。最终，我得以回到母校继续读书。事后想来，这既缘于个人的努力，也仿佛冥冥之中的安排。总之，我深觉幸运，常怀感恩。

（二）你读博士的过程顺利吗？

答：博士学位几乎都是苦熬出来的。在学习上，博士生们付出的心血很多，毕业的要求也非常高。2022年，中国有十四亿多人，获得博士学位的还不到一百万。我见过也听到过一些博士生没能取得学位或者中途弃学的事，有各种各样的原因，都非常令人惋惜。要说我读博过程中最大的顺利，就是幸遇良师。"望之俨然，即之也温，听其言也厉。"李大明教授给我留下了这样深刻的印象。大明老师知道我的专业基础比较弱，在学业上对我多加鼓励，但指导起来始终都是一丝不苟。收到我的博士学位论文初稿后，他仔细地用红笔全文批阅，不仅圈点缺漏，还帮我增补内容、完善论述，甚至校订字句和格式。那份文稿我珍藏至今。正因为大明老师手把手地拉着我提升了论文质量，我的学位论文才能够在答辩阶段得到评审专家们的认可。

（三）取得博士学位后，你对自己有什么新的认识？

答：我明白了自己在学术上有很多无法超越的局限。觉得就像迈过了一道人生关口，停下脚步回望，无怨无悔；继续朝前走，却又惴惴不安。这里面直接关系到我对自己学术水平的评判问题。我从博士生阶段才开始系统地学习中国古代文学专业知识，且主要精力都放在了博士学位论文的撰写上。我没有足够的时间去为自己打下一点儿传统的"小学"基础，即便是专业知识，也比身边那些从硕士生阶段就攻读古代文学专业的同学欠缺不少。我只能凭借自己所学到的一些基本的专业方法，努力按照博士学位的要求，中规中矩地做研究。我的博士学位论文的主要价值在于利用记载魏晋易代历史的一些常识性文献，疏通有关当时社会进程和士人命运走向的一部分思想脉络，辨析相关史料和文章中的一些曲折隐微，同时澄清一些流行于后世的偏见和误解。这些工作的意义几乎全在知识普及的层面，我的学术水平也只能满足较为大众化的学术需要。我明白,自己与专家学者距离遥远,并不具备研究高深学问的能力。毕业前,大明老师和我开玩笑说:"你是'混'毕业的喔!"我当时刚通过了学位论文答辩,心情特别轻松,于是也嬉笑着回答:"就是,就是,承蒙恩师不弃!"但事后每当想起老师的那句调侃,我都会感到一份告诫和警醒。面对中国古代文学的辉煌大殿,我是靠着老师们的一路提携,才侥幸跻身"门墙桃李"之列。我即使无法达到"登堂入室"的地步,也愿始终保持侧立之徒的样子,虔诚地去探索知识、领悟智慧。

(四)你是否会继续魏晋士人心态与文学方面的研究?

答:肯定会。我的博士学位论文对那些受到魏晋易代政治影响的北方士人心态,尤其是中原士人心态分析得还很不足,这是一个缺失。我也还没有写出有关阮籍、嵇康、向秀等魏晋名士的心态与文学研究的专题文章。虽然在上述领域已经有罗宗强先生的《玄学与魏晋士人心态》和同辈学者仇鹿鸣的《魏晋之际的政治权力与家族网络》两部大作珠玉在前,但我愿意在这一类富有原创精神的学术成果基础上,结合自身的体会,好好地写一本书,把思考写得更深些,文章写得更好些。为此,我会多积累些功夫。至少五年之后再动笔吧!

(五)你接下来的学术计划是什么?

答:写一本关于汪曾祺先生的书。虽然我在读大学时才较全面地了解到汪老先生的生平和创作经历,但在小学时我就读过他的《多年父子成兄弟》。那篇散文读完后,"汪曾祺"这个名字就印在了我的脑海里,一直没忘。我还记得,汪曾祺的"祺"是我查了字典才认识的。汪曾祺后来成为我特别喜爱的作家之一。汪老先生被誉为中国当代"最后一个士大夫式的文人",他对20世纪80年代后的中国文学界影响深远。而他在创作上所取得的成就与他出众的中国古典文学修养密不可分。所以,我想在对汪曾祺的研究中学习汪曾祺,把中国古代文学和现当代文学的知识、方法结合起来,写出一个贴着自己内心,也能走进读者内心的汪曾祺。

（六）在你的学术道路上，还有哪些人对你帮助比较大？

答：很多，主要写在本书的《自序》里。

（七）你对以上的"拟问答"有何感想？

答：是为记。

参考资料

古人典籍

1. ［宋］司马光：《资治通鉴》，北京：中华书局1956年版。

2. ［清］严可均：《全上古三代秦汉三国六朝文》，北京：中华书局1958年版。

3. ［西晋］陈寿：《三国志》，北京：中华书局1959年版。

4. ［宋］李昉等：《太平御览》，北京：中华书局

1960年版。

5 ［南朝·梁］刘勰著：《文心雕龙》，范文澜注，北京：人民文学出版社1962年版。

6. ［南朝·宋］范晔：《后汉书》，北京：中华书局1965年版。

7. ［唐］魏徵等：《隋书》，北京：中华书局1973年版。

8. ［唐］房玄龄等：《晋书》，北京：中华书局1974年版。

9. ［清］王夫之：《读通鉴论》，北京：中华书局1975年版。

10. 逯钦立：《先秦汉魏晋南北朝诗》，北京：中华书局1983年版。

11. ［南朝·宋］刘义庆撰：《世说新语校笺》，徐震堮校笺，北京：中华书局1984年版。

12. ［南朝·梁］萧统：《文选》，上海：上海古籍出版社1986年版。

13. ［东晋］常璩撰：《华阳国志校补图注》，任乃强校补图注，上海：上海古籍出版社1987年版。

14. [宋]惠洪撰：《冷斋夜话》，陈新点校，北京：中华书局1988年版。

15. 杨明照：《抱朴子外篇校笺》（上），北京：中华书局1991年版。

16. [明]罗贯中著：《三国演义》，毛宗岗评订，济南：齐鲁书社1991年版。

17. 杨明照：《抱朴子外篇校笺》（下），北京：中华书局1997年版。

18. [清]纪昀总纂：《四库全书总目提要》，石家庄：河北人民出版社2000年版。

19. [西汉]司马迁：《史记》，北京：中华书局年2005年版。

20. [清]李慈铭撰：《越缦堂读书记》，由云龙辑，北京：中华书局2006年版。

21. [西晋]陆机著：《陆士衡文集校注》，刘运好校注，南京：凤凰出版社2007年版。

22. [南朝·宋]刘义庆撰：《世说新语笺疏》，余嘉锡笺疏，北京：中华书局2007年版。

23. [唐]李白著：《李白集校注》，瞿蜕园、朱金城校注,上海:上海古籍出版社2007年版。

24. [唐]刘知几著:《史通》,[清]浦起龙通释,王煦华整理,上海:上海古籍出版社2009年版。

25. 《十三经注疏》(嘉庆刊本),[清]阮元校刻,北京:中华书局2009年版。

26. [清]朱彝尊著:《曝书亭全集》,王利民等校点,长春:吉林文史出版社2009年版。

27. [西晋]陆云著:《陆士龙文集校注》,刘运好校注,南京:凤凰出版社2010年版。

28. [南朝·宋]刘义庆撰:《世说新语校释》,龚斌校释,上海:上海古籍出版社2011年版。

29. [清]郭庆藩撰:《庄子集释》,王孝鱼点校,北京:中华书局2012年版。

30. [宋]赵与时撰:《宾退录》,傅成校点,上海:上海古籍出版社2012年版。

31. [元]陶宗仪撰:《南村辍耕录》,李梦生校点,上海:上海古籍出版社2012年版。

32. [清]赵翼著:《廿二史札记校证》,王树民校证,北京:中华书局2013年版。

近人著作

1. 周一良：《魏晋南北朝史札记》，北京：中华书局1985年版。

2. 曹道衡、沈玉成：《中国文学家大辞典·先秦汉魏晋南北朝卷》，北京：中华书局1996年版。

3. 徐公持：《魏晋文学史》，北京：人民文学出版社1999年版。

4. 方北辰：《魏晋南朝江东世家大族述论》，台北：文津出版社1999年版。

5. 陈寅恪：《金明馆丛稿初编》，北京：生活·读书·新知三联书店2001年版。

6. 胡阿祥：《魏晋本土文学地理研究》，南京：南京大学出版社2001版。

7. 姜亮夫：《姜亮夫全集》（二十二）．昆明：云南人民出版社2002年版。

8. 曹道衡：《中古文史丛稿》，保定：河北大学出版社2003年版。

9. 汪荣祖：《史传通说——中西史学之比较》，

北京：中华书局2003年版。

10. 姜剑云：《太康文学研究》，北京：中华书局2003年版。

11. 梅家玲：《汉魏六朝文学新论——拟代与赠答篇》，北京：北京大学出版社2004年版。

12. 刘咸炘著：《刘咸炘学术论集·史学编》，黄曙晖编校，桂林：广西师范大学出版社2007年版。

13. 王仲荦：《魏晋南北朝史》，北京：中华书局2007年版。

14. 陈寅恪：《魏晋南北朝史讲演录》，万绳楠整理，贵阳：贵州人民出版社2008年版。

15. 刘蓉：《汉魏名士研究》，北京：中华书局2009年版。

16. 郑欣：《魏晋南北朝史探索》，济南：山东大学出版社2009年版。

17. 唐长孺：《魏晋南北朝史论丛》，北京：商务印书馆2010年版。

18. 孙明君：《两晋士族文学研究》，北京：中华书局2010年版。

19. 徐公持：《浮华人生——徐公持讲"西晋二十四友"》，天津：天津古籍出版社2010年版。

20. 魏明安、赵以武：《傅玄评传》，南京：南京大学出版社2011年版。

21. 田庆余：《秦汉魏晋史探微》，北京：中华书局2011年版。

22. 田庆余：《东晋门阀政治》，北京：北京大学出版社2012年版。

23. 杨联陞：《中国文化中的"报""保""包"之意义》，北京：中华书局2016年版。

24. 冯友兰：《中国哲学简史》，赵复三译，北京：北京联合出版公司2017年版。

25. 刘运好：《陆机陆云考论》，北京：中华书局2020年版。

学术论文

1. 徐大英：《陈寿修史"多所回护"说辨析》，《史学史研究》1994年第3期。

2. 孙绍华：《〈三国志〉和陈寿的史识》，《史学史研究》1997年第2期。

3. 王炳厝：《略论陈寿〈三国志〉回护司马氏——读赵翼〈廿二史札记〉有感》，《福建学刊》1997年第4期。

4. 范家伟：《陈寿对〈三国志〉分行与并行的处理》，《史学史研究》1998年第1期。

5. 龙显昭：《陈寿史学刍论》，《四川师范学院学报》（哲学社会科学版）2001年第6期。

6. 李兆成：《蜀汉政权与益州士族》，《四川文物》2002年第6期。

7. 王永平：《入晋之蜀汉人士命运的浮沉》，《史学月刊》2003年第2期。

8. 李景焉：《蜀汉文学与建安文学》，《四川文物》2003年第4期。

9. 王定璋：《谯周与陈寿》，《西华大学学报》（哲学社会科学版）2005年第1期。

10. 王永平：《孙皓时期皇权的强化及其与儒学朝臣冲突的加剧——孙吴后期政治史研究之二》，《河南科技大学学报》（社会科学版）2005年第4期。

11. 王绍卫：《孙吴文学与学术》，暨南大学2006年硕士学位论文。

12. 徐昌盛：《三国吴地文化与文学》，北京大学2008年硕士学位论文。

13. 孙宝：《魏晋文学与儒学关系研究》，浙江大学2008年博士学位论文。

14. 张炜：《论巴蜀大族在西晋的真实地位》，《江淮论坛》2009年第1期。

15. 刘东升：《西晋政权对蜀吴两国降人的相关政策》，《南都学坛》2009年第4期。

16. 彭丰文：《论蜀汉南中政策与南中民族关系——从谯周反对"南逃"论说起》，《首都师范大学学报》（社会科学版）2009年第4期。

17. 张海明：《李密〈陈情表〉别解》，《求是学刊》2009年第5期。

18. 罗开玉、谢辉：《三国蜀后主刘禅新论》，《成都大学学报》（社科版）2009年第6期。

19. 翁颖：《西晋时期孙吴旧地士人入洛原因考察——以二陆为中心》，《廊坊师范学院学报》（社会科学版)2010年第1期。

20. 仲广军:《对陈寿评论的思想史研究》,陕西师范大学2010年硕士学位论文。

21. 刘运好:《陆机籍贯与行迹考论》,《南京师大学报》(社会科学版)2010年第4期。

22. 江宝才:《中原花神刘阿斗:大智若愚,明智之君——为后主刘禅正名》,《衡水学院学报》2010年第5期。

23. 戴智恒:《三国蜀汉文学研究》,湖南师范大学2011年硕士学位论文。

24. 黄昊:《蜀汉荆州集团与益州集团》,安徽大学2011年硕士学位论文。

25. 蒋蓝:《独立于世者,湛然无咎》,《四川文学》2011年第10期。

26. 罗开玉:《东汉灭成家、屠成都与刘禅不战而降》,《襄樊学院学报》2011年第10期。

27. 宋展云:《论张翰玄化人格及其文风》,《名作欣赏》2011年第14期。

28. 朱贤高:《三国蜀汉文学研究》,重庆工商大学2012年硕士学位论文。

29. 王强:《蜀汉史家谯周的形象变迁》,《廊坊师范学院学报》(社会科学版)2013年第2期。

30. 王永平:《江东地域社会与两晋社会阶层升降——以顾荣入洛仕进之遭遇及其在东晋立国过程中的作用为中心》,《学习与探索》2013年第2期。

31. 向琴:《从对人的称谓看李密的性格——〈陈情表〉人物称谓探究》,《语文教学》2014年第6期。

32. 罗昌繁:《"二宫构争"与江东士族心态及文学》,《殷都学刊》2015年第2期。

33. 李德虎:《对李密〈陈情表〉的博弈分析》,《贵州工程应用技术学院学报》2016年第6期。

34. 孙绍振:《坚定而委婉的抗诏——读李密抒情性公文〈陈情表〉》,《语文建设》2017年第1期。